Programmierung des Unterbewussten zur positiven Zielorientierung

---

Band I: Einführung

von

Thomas A. M. Windelschmidt

Programmierung des Unterbewussten zur positiven Zielorientierung

Band I: Einführung

von
Thomas A. M. Windelschmidt

Impressum

Umwelthinweis

Dieses Buch und der Schutzumschlag wurden auf chlorfrei gebleichtem Papier gedruckt. Die Einschrumpffolie zum Schutz vor Verschmutzung ist aus umweltfreundlichem und recyclingfähigem PE-Material.

Bibliografische Information der Deutschen Nationalbibliothek

Die Deutsche Nationalbibliothek verzeichnet diese Publikation in der Deutschen Nationalbibliografie; detaillierte bibliografische Daten sind im Internet über www.dnb.de abrufbar.

Autor:

Thomas A. M. Windelschmidt

www.der-counselor.de / www.omniavision.de

Verlag

Deutscher Verlag für Bildung, Wissenschaft und Forschung, Eppingen

Umschlagfoto: © Pixabay

Erstauflage 2019

Printed in Germany

ISBN Hardcover 978-3-96565-032-9
ISBN Paperback 978-3-96565-033-6
ISBN Epub 978-3-96565-034-3
ISBN Mobi 978-3-96565-035-0

Für alle Menschen, die lösungsorientiert denken
und Ihr Maximum ausschöpfen und erreichen möchten …

Inhaltsverzeichnis

1. Danksagung

Ich habe inzwischen einige Bücher zu unterschiedlichen Themen geschrieben, zuletzt die beiden Bücher "Siegersystem: Gewinnen ist Bauchsache". Nun setze ich mich an mein inzwischen 13. Buch, wobei nicht alle publiziert wurden und werden, und erkenne einmal mehr, welches Glück ich im Leben habe.

Darum danke ich an dieser Stelle als erstes demjenigen, dem ich alles zu verdanken habe, wobei "der" bzw. "demjenigen" nicht wörtlich zu verstehen ist, da es sich mitnichten um eine Person, geschweige denn um einen Mann handelt. Ich danke, wie übrigens jeden Tag mehrfach, Gott, unserem Schöpfer, dem Universum, dem Einen oder wie auch immer man das Unfassbare bezeichnen mag. Ich weiß, dass gerade mein Gottvertrauen die Basis für mein glückliches und erfülltes Leben ist.

Als zweites danke ich meiner ganzen Familie und meinen Freunden, die manches weitere Gegenlesen ertragen mussten und für Gespräche und Diskussionen zur Verfügung standen. Toll, dass ich solch eine Familie und so super Freunde haben darf, die mich unterstützen und mich motivieren. Vielen Dank.

Dazu danke ich meinem Verlag, dem Deutschen Verlag für Bildung, Wissenschaft und Forschung, der es mir ermöglicht hat, meine Bücher in der Form zu publizieren, wie ich es mir vorgestellt habe. Ich kann nur jedem, der ein wissenschaftliches Buch schreiben und veröffentlichen möchte, ans Herz legen, sich an den www.DVBWF.de zu wenden.

2. Vorwort von Martin Limbeck

Ich habe Thomas A. M. Windelschmidt im Mai 2009 kennengelernt. Was mir damals sofort auffiel, war seine offene und herzliche Art. Ich kann mich insbesondere daran erinnern, wie nachdrücklich er sich für eine Empfehlung bedankt hat, nämlich eine mögliche Unterstützung durch eine Heilpraktikerin für seine Frau. Eine solch besonders aufrichtige Form von Dankbarkeit ist wirklich selten zu finden.

Als Thomas mich nun darauf ansprach, ob ich mir vorstellen könnte, ein Vorwort für dieses Buch zu schreiben, habe ich ihm erklärt, dass ich jeden Monat Anfragen für ein Vorwort erhalte, jedoch praktisch immer (bis auf zwei Ausnahmen) ablehne, weil mich überwiegend der Inhalt nicht anspricht. Ich bot ihm also an : "Schick mir das Buch einfach mal zu, dann sehen wir weiter."

Was danach passiert ist, habe ich in dieser Form selten erlebt. Oftmals werde ich in solchen Fällen hofiert und gebauchpinselt, bei Thomas war das völlig anders. So schrieb er mir z.B. via WhatsApp (einen sehr persönlichen Teil lasse ich außen vor), ich zitiere:

> Du verkörperst das gegenteilige Extrem zu mir. Ich will es erläutern.
>
> Wie Du weißt, habe ich Deine Bücher gelesen. Selbstverständlich habe ich sie noch mit Deiner Widmung bei mir. Dementsprechend weiß ich

auch, zumindest soweit Du es zugelassen hast, wo Du herkommst und was Dich geprägt hat.

Nun habe ich zwar auch viel mit Verkaufen und Vertrieb zu tun, auch weil man in irgendeiner Form sein ganzes Leben irgendetwas verkauft, z.B. sich selbst, aber Deine Verkörperung des Hardsellings (Nicht gekauft hat er schon) hat mich immer angetriggert, deshalb hatte ich z.B. oft vor, mit Dir hierüber zu diskutieren.

Gerade beim Telefonat hat sich genau das bestätigt, was ich in diesem Kontext als sicher angenommen habe. Arbeit ist Arbeit, Hobby ist Hobby, Freizeit ist Freizeit, Schnaps ist Schnaps. Punkt. Aus. Ende.

Ich könnte Dir jetzt lang und breit erklären, woher Deine Überzeugungen (Glaubenssätze) stammen und dass diese Glaubenssätze für Dich "genau richtig" sind. Du hast diese Glaubenssätze "gelernt" und verinnerlicht. Ein anderer Blickwinkel kann nur falsch sein bzw. kommt zumindest für Dich nicht in Betracht.

Wenn Du meine Bücher "Reframingcoaching - Unterbewusstes bewusst auflösen", "Omniatherapie - Gesundheit & Glück durch Verstehen & Versöhnung", "Siegersystem - Gewinnen ist Bauchsache", sowie "Seelencoaching - Das wichtigste Wort zum gesund & glücklich sein:

DANKE!" kennen würdest, würdest Du verstehen, was der gedankliche Hintergrund ist. Aber insgesamt ist es sicher zu aufwändig, diese sieben Bücher zu lesen.

In Band I zu "Programmierung des Unterbewussten zur positiven Zielorientierung" werden einige Stichpunkte der anderen sieben Bücher aufgeführt, jedoch geht es in erster Linie darum, wie man jemanden dabei unterstützen kann, im Sport oder im Berufsleben sein persönliches Maximum zu erreichen.

Wenn Du einen Vortrag hältst oder jemanden trainierst, ein guter Verkäufer zu werden, dann wird dies ganz sicher positive Früchte zeigen. Die Frage ist nur, wie lange. Mein Ansatz zielt darauf ab, die Menschen nicht im Bewusstsein anzuleiten, was sie zu tun haben, damit Sie motiviert sind, Gas zu geben, sondern das Unterbewusste so zu beeinflussen, dass eine intrinsische Motivation dauerhaft besteht.

Band II zu " Programmierung des Unterbewussten zur positiven Zielorientierung" enthält ausschließlich Interviews. Und zwar werden Menschen interviewt, die besonders erfolgreich waren oder sind, um herauszufinden, WARUM und WIE sie besonders erfolgreich waren oder sind. Du wärst ein super Kandidat dafür, wenn Du Lust

> hast. Bei Ottmar Hitzfeld z.B. war mir der Hintergrund auch vor dem Treffen in Basel klar, es hat sich dann zu 100% bestätigt.
>
> Ich bin gespannt, ob Du für eine solche völlig andere Sichtweise offen bist, aber nachdem Du Dich auch mit Heilern und solchen Themen beschäftigst, wäre ich eher überrascht, wenn Dich "mein Thema" bzw. meine Herangehensweise nicht interessieren würden.

In einer zweiten Nachricht schrieb er mir u.a.:

> Wie Du evtl. noch weißt, habe ich verschiedene Abschlüsse, u.a. in Theoretischer Physik. Umso mehr müsste man denken, dass ich nur Dinge akzeptiere, die ich wissenschaftlich erklären kann. Weit gefehlt, inzwischen weiß ich das Wort von Sokrates zu schätzen:
>
> "Ich weiß, dass ich nicht weiß."
>
> Die meisten Menschen glauben, dass sie ihr Leben mit ihrem Bewusstsein steuern und "im Griff" haben. Nichts könnte weiter von der Realität entfernt sein. Es wird auch heute noch wahnsinnig unterschätzt, wie uns das Unterbewusste nicht nur beeinflusst, sondern steuert.

> Darum sind die Dinge, die ich u.a. bei meiner Tätigkeit als Coach, Therapeut, Trainer und Mediator kennenlernen darf, immer neue Lernfortschritte, die mich jedes Mal staunen lassen.

Vielleicht denken Sie jetzt, dass ich in meinem Vorwort zu viel von dem zitiere, was mir Thomas geschrieben hat. Doch nichts könnte sein Denken und Handeln besser beschreiben, als das, was ich oben zitiert habe. Auf der einen Seite schafft er es mit seinem analytisch-wissenschaftlichen Verstand, Zusammenhänge zu erkennen und diese sogar mit einfachen Worten dazulegen und verständlich zu erläutern. Auf der anderen Seite spricht er mit seinem Herzen, geht empathisch auf Menschen zu und gibt liebevolle Hilfestellungen.

Sein Ansatz, die Menschen über ihr Unterbewusstes anzusprechen, ihr "Warum" und ihre Motivation zu analysieren, um über diesen Zugang zu Lösungswegen zu finden, halte ich für höchstspannend und steht nach meiner Einschätzung nicht im Widerspruch zu meiner Vorgehensweise, den Inhalten meiner Trainings und meinen gemachten Erfahrungen. Stattdessen halte ich beide Vorgehensweisen für absolut legitim, sie können sich wahrscheinlich gut ergänzen.

Ich freue mich, dass ich mir die Zeit genommen habe, mich mit diesem Buch zu befassen und empfehle Ihnen, offen für die Herangehensweise des Autors zu sein.

Ich bin auf Band II mit den Interviews gespannt. Es werden sicher nicht die letzten Bücher von Thomas gewesen sein.

Ich wünsche Ihnen viel Spaß beim Lesen.

Ihr
Martin Limbeck

Klar, direkt, provokant, polarisierend und motivierend – **Martin Limbeck** wirkt. Und zwar nachhaltig. Ein Typ mit Ecken und Kanten, der lebt, was er lehrt. Disziplin, Ehrgeiz, ein lebendiges Netzwerk und der absolute Wille zum Erfolg haben ihn dahin gebracht, wo er heute ist. Ob in seinen Vorträgen, im Training, seinen Büchern oder in zahlreichen Veröffentlichungen – Limbeck nimmt kein Blatt vor den Mund. Er packt die entscheidenden Themen an, legt den Finger in die Wunde und liefert wertvolle, sofort umsetzbare Impulse. Er ist der Garant für ein gezieltes Training des Vertriebs und der Führungsebene.

Vom begeisterten Verkäufer zum europaweit gefeierten Vertriebsexperten: Vorträge und Coachings in rund 30 verschiedenen Ländern, zahlreiche TV-Auftritte und über 200.000 Fans in den sozialen Medien – Martin Limbeck ist einer der bekanntesten und reichweitenstärksten Verkaufsspezialisten Deutschlands. Seinen ausgewiesenen Expertenstatus hat er auch in verschiedenen Lehraufträgen unter

Beweis gestellt. Limbeck wurde vielfach ausgezeichnet, unter anderem als "Trainer des Jahres", "Top-Speaker of the Year" und mit dem „Großen Preis des Mittelstandes".

30 Jahre im Vertrieb und immer auf „Kurs Zukunft": Der Kopf der Limbeck® Group ist stets auf der Höhe der Zeit und bildet sich und sein Team kontinuierlich weiter. Bereits im Jahr 2015 ging er mit der Martin Limbeck® Online Academy an den Start: Eine völlig neue Form des integrierten Lernens, die bereits mehrfach ausgezeichnet wurde und heute zu den Blended-Learning-Vorreitern am Weiterbildungsmarkt gehört. Neben „klassischen" Vertriebstrainings entwickelt Martin Limbeck maßgeschneiderte Lernsysteme für seine Kunden Sein innovativer LOOP-Prozess® ermöglicht den Teilnehmern größtmögliche Freiheit, geht auf individuelle Bedürfnisse und Vorlieben ein und garantiert eine nachhaltige Steigerung des Vertriebserfolgs.

Mehr Informationen auf martinlimbeck.de und limbeck-group.com

3. Vorwort von Markus Euler

... also denke doch, was Du willst.

Auf den ersten Blick liest sich dieser Imperativ etwas vorwurfsvoll. Denke ich denn nicht schon immer, was ich will? Auf den zweiten Blick impliziert diese Aufforderung ein hohes Maß an Freiheit. Denn unsere Gedanken gehören uns, keinem sonst. Wir sind frei in dem, was wir denken und wie wir denken. Und wer frei sein will, der trägt auch Verantwortung und damit die Konsequenzen, die damit verbunden sind.

Thomas A. M. Windelschmidt macht in diesem Buch deutlich, dass jeder von uns alle Ressourcen bereits in sich trägt, um die eigenen Ziele zu erreichen und ein erfolgreiches und glückliches Leben zu führen. Und das ist eine wichtige Botschaft für alle die, die sich noch zu sehr abhängig von den so genannten Umständen oder anderen Zwängen fühlen. Beruflich wie privat.

Der erste Schritt besteht darin, ein „Stop-Signal" zu setzen, das eigene Denken und Fühlen zu hinterfragen und festzustellen, welche unserer Denk- und Verhaltensweisen uns bei der Zielerreichung unterstützen und welche uns bremsen oder sogar behindern.

In meiner Arbeit mit Verkäufern und Führungskräften berichten mir diese immer wieder, dass genau die Dinge passiert sind, die sie „eigentlich" vermeiden wollten. Und sie stellen fest, dass sie sich gedanklich viel zulange eben mit genau diesen Dingen beschäftigt haben. Oder besser ausgedrückt, sich mit diesen Gedanken und Situationen ungewollt „programmiert" haben. Und dass sie Ihre Ressourcen eben nicht konsequent auf das ausgerichtet haben, was sie wirklich wollen. Leider nimmt unser Gehirn (laut Thomas das Unterbewusste) alles für „bare Münze", was wir denken und versucht, eben dies in Realität umzuwandeln. Leider deshalb, weil es dann auch die Dinge unterbewusst weiterverfolgt, die wir eben nicht möchten.

Wir sind heute so vielen Reizen ausgesetzt, wie noch nie zuvor. Wir neigen dazu, diese Informationen ungeprüft zu übernehmen und darauf aufzubauen. Um ein derzeit aktuelles Wort einmal aufzugreifen und etwas abzuwandeln: Wissen Sie, wie viele „Fake-Thoughts" sich in Ihrem Kopf befinden, die tagtäglich dazu führen, dass ein wirklich positives und lösungsorientiertes Denken kaum möglich ist?

Thomas´ Buch hilft Ihnen dabei, einmal „auszumisten", den Müll herauszubringen und Platz zu schaffen für das, was Ihnen wirklich wichtig ist im Leben. Wir können unser Leben nicht zu 100 Prozent „im Griff" haben, aber jeder von uns kann die Voraussetzungen dafür schaffen, um ein Leben zu führen, das uns Sinn und Erfüllung gibt. Wie das genau aussieht, das darf uns muss jeder für sich selbst definieren.

Auch die Motivation hierfür muss aus uns selbst heraus entspringen. Denn auch für unsere Motivation tragen wir selbst die Verantwortung und können diese nicht an andere delegieren. Wer an seinem Ziel ankommen will, der muss nicht nur den Hafen kennen, sondern auch sein Schiff. Und manchmal ist es an der Zeit, etwas am eigenen Schiff zu verändern und zu modifizieren. Ich nenne es „das Spiel verändern".

Heute ist dies nötiger denn je, denn unser Leben – beruflich wie privat – wird immer unberechenbarer. Druck und Stress gehören für viele fast schon zum Alltag. Eigene Bedürfnisse werden denen anderer untergeordnet, das Gefühl, wirklich etwas wert zu sein und einem übergeordneten Sinn nachzugehen, ist vielen Menschen abhandengekommen. Und steht auf der Prioritätenliste unter dem Punkt: „Später einmal". Wohl dem, der dies dann auch erlebt und noch umsetzen kann.

Wer Garantien will, der kauft sich besser eine Spülmaschine, denn Garantien gibt es keine. Weder für Zufriedenheit, noch für Erfolg. Aber wir können unsere Chancen immanent erhöhen. Wer sich grundsätzlich so ausrichtet, dass die eigenen Ressourcen auf das Ziel gerichtet sind, die Dinge ausblendet, die nicht zielfördernd oder belastend sind und in der Lage ist, sich selbst zu motivieren, der wird ein anderes Leben (er)-leben. Es werden mehr von den Dingen passieren, die ins eigene Bild passen, man wird mehr Menschen treffen, die ähnliche Ziele verfolgen und die Verständnis für das eigene Denken und Handeln haben.

Es ist wie im Verkauf: Man bekommt immer die Kunden, die man verdient und jedem Verkäufer steht es frei, sich seinen Wunschkunden so zurecht zu denken, wie er diesen haben möchte.

Wer den ganzen Tag daran denkt, dass der Kunde sowieso nicht kauft, nur Rabatte will, die Konkurrenz sowieso das bessere Produkt hat und die Kollegen die umsatzstärkeren Kunden ... der verkauft nicht. Oder besser gesagt: Bei dem kauft niemand. Eben weil er genau dies ausstrahlt. Und wie denken wohl die erfolgreichen Verkäufer?

Denken Sie also, was Sie wollen. Und definieren Sie das „WAS" mithilfe dieses Buches. Lernen Sie die Faktoren kennen, die sie auf die Erfolgsspur und zu dem Leben führen, welches Sie sich wünschen. Und spüren Sie dann die Veränderung in Ihrem Leben. Ich weiß, Thomas kann und wird Sie gerne auf Ihrem Weg unterstützen, zuerst mit diesem Buch, dann auf Wunsch auch persönlich.

Ich wünsche Ihnen dabei viel Erfolg!

Markus Euler

Markus Euler ist Trainer, Coach und Vortragsredner. Seine Expertise liegt im Vertrieb und im Verkauf. Zu seinen Kunden gehören Selbstständige, mittelständische Unternehmen und internationale Konzerne.

Start-Up´s, Hidden Champions und Weltmarktführer. Sie alle haben eines gemeinsam: Sie richten ihren Vertrieb und den Verkauf nicht ausschließlich auf kurzfristiges, umsatz- und quartalsgetriebenes Denken aus. Eine hohe Kundenzufriedenheit vom ersten Kontakt bis über den Kauf hinaus ist ihnen ebenso wichtig, wie Umsatz und Margen.

Markus Euler ist zertifizierter" INSIGHTS-MDI©-Berater", geprüfter „mpa-Experte" (Motivations-Potenzial-Analyse) und ausgebildeter Business-Coach (LAUDIUS). Seine Bücher „Back to Basic" und „SalesUpgrade" gehören zu den Bestsellern im Bereich Vertrieb und Verkauf. Als „Der Spielveränderer" unterstützt er seine Klienten dabei, aus alten Mustern auszubrechen, neue Wege zu gehen und Veränderung aktiv mit zu gestalten, siehe www.markus-euler.de.

4. Vorwort des Autors

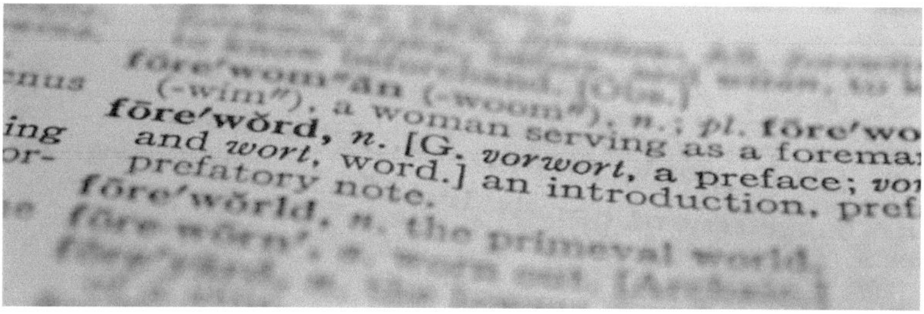

Liebe Leserin, lieber Leser,

die doppelte Anrede nutze ich, wie immer in meinen Büchern, nur ein einziges Mal, nämlich bei meinem Vorwort. In der Folge nutze ich nur das allgemeine „lieber Leser" oder „man" oder ähnliches, ohne damit die „lieben Leserinnen" benachteiligen zu wollen. Ich halte es nur nicht für übermäßig wichtig, an dieser Stelle die „political correctness" in den Vordergrund zu rücken. Ich spreche alle Menschen an, egal ob Mann, Frau, Hermaphrodit, groß, klein, dick, dünn. Mir ist die politische Gesinnung genauso gleichgültig, wie die Religionszugehörigkeit. Für mich sind, und das meine ich absolut ernst, grundsätzlich alle Mensch gleich, liebenswert und „richtig".

Nachdem ich diesen wichtigen Hinweis in fast jedem meiner Bücher eingangs aufführe, hoffe ich, dass Sie mir, lieber Leser bzw. liebe Leserin, dies glauben. Es ist mir absolut ernst damit, dass ich keinen Menschen wegen seines Geschlechts, seiner Rasse, seiner Hautfarbe, seiner Religion, seiner politischen Überzeugungen oder was auch immer bevorzuge oder bewerte.

Einige Begriffe erläutere ich, indem ich Texte aus wissenschaftlichen Büchern oder aus Wikipedia zitiere. In diesen Fällen sind die entsprechenden Passagen eingerückt, kursiv markiert und mit einer Fußnote gekennzeichnet.

Ich wünsche Ihnen viel Spaß beim informativen Lesen und freue mich auf Ihre Anregungen und Fragen.

Herzlichst Ihr
Thomas A. M. Windelschmidt

5. Zum Inhalt

5.1. Was finden Sie in diesem Buch?

Zuerst werde ich erläutern, was man unter einem Counselor versteht (bzw. verstehen kann) und wie ich darauf gekommen bin, diesen Begriff für mich zu nutzen, u.a. unter der Domain Der-Counselor.de.

Als zweites erkläre ich, was ich mit dem Slogan "Du bist, was Du denkst, also denke doch, was Du willst!" meine bzw. zum Ausdruck bringen möchte.

In der Folge werden Sie in diesem Buch erfahren, was mich antreibt, dieses Buch zu schreiben und warum ich dieses

Buch genau in dieser Form und in dieser Reihenfolge aufsetze.

Und zum Kontext gehören natürlich Erläuterungen, was ich in meinem Leben gemacht habe und warum welche Kenntnisse in meinen Augen geeignet sind, die Aufgaben als Berater, Coach, Trainer, Mediator und Lösungsfinder auszufüllen.

Inhaltlich nehme ich z.T. Bezug auf meine voran gegangenen Bücher, ich werde jedoch keine Kapitel wiederholen. Jedoch sind einige Inhalte sehr wichtig für das Verständnis meines Vorgehens als "Der Counselor", deshalb empfehle ich Ihnen, Band I zum Siegersystem oder zumindest Hintergrundinformationen auf der Webseite siegersystem.de zu lesen. Folgende Kapitel halte ich dabei für besonders wichtig:

- Psyche: Bewusstsein und Unterbewusstes
- Was ist "Denken"?
- Was ist "Glauben"?
- Glaubenssätze und das Gesetz der Resonanz
- Affirmationen und Suggestionen
- Hypnose und Trance
- Technische Hilfsmittel (Siegersystem Bd. II)

Das Kapitel "Die 66 Siegersystem-Schritte und -Bausteine" (Siegersystem Bd. II) ist für das Verständnis meiner Vorgehensweise als "Der Counselor" gleichfalls hilfreich, jedoch zielt meine Tätigkeit als "Der Counselor" in eine darüber hinausgehende Richtung, nämlich Menschen eng und persönlich zu coachen und auf ihrem Weg zum Erreichen des eigenen Maximums längerfristig zu begleiten.

Ich spreche dabei übrigens immer von Bewusstsein und Unterbewusstem und nicht von Bewusstsein und Unterbewusstsein, wie dies viele andere Autoren machen. Hintergrund ist, dass das Unterbewusste kein "sein" hat, sondern für mich in Abgrenzung zum Bewusstsein (Ego) als etwas "Abstraktes" bzw. "Unpersönliches" anzusehen ist.

Der allergrößte Teil des Buches fußt jedoch nicht auf den Inhalten meiner vorangegangenen Bücher, sondern erschließt völlig neue Aspekte meiner grundlegenden Einstellung, dass bereits alle Chancen, Möglichkeiten und Lösungen in uns und unserem Denken vorhanden sind und wir nur auf unser z.T. "verstecktes Wissen" zugreifen müssen, um alles zu erreichen und zu schaffen, was wir wollen, ggfs. indem wir kreative Lösungen für machbar halten und finden.

Bei weiterem Interesse an diesem Themenkomplex empfehle ich Ihnen einen Besuch der Seite der-counselor.de und eine direkte Kontaktaufnahme.

6. Warum "Der Counselor"?

6.1. Was ist überhaupt ein Counselor?

Hintergrund ist nicht "The Counselor", ein US-amerikanischer Thriller aus dem Jahre 2013 unter der Regie von Ridley Scott. Stattdessen nimmt der Begriff "Counselor" Bezug auf die Science Fiction-Serie Star Trek, insbesondere die Staffel "The Next Generation" mit Commander Deanna Troi, dargestellt von der Schauspielerin Marina Sirtis, die auf dem Raumschiff Enterprise einen weiblichen Counselor spielt. Folgendes habe ich dazu erläuternd gefunden:

> Als Counselor (auch Counsellor) bezeichnet man einen Berater auf Raumschiffen und Raumstationen der Föderation im 24. Jahrhundert. Counselor sind zumeist geschulte Psychologen im Dienst der Sternenflotte,

die neben ihrer beratenden Funktion für die Führungsoffiziere ebenfalls für das psychische Wohlbefinden der restlichen Crew verantwortlich sind. Bei ihrer Arbeit unterliegen sie ähnlicher Schweigepflicht wie Ärzte.

Mehr möchte ich zu den Aufgaben und Hintergründen eines Counselors im Star Trek-Universum nicht aufführen, da sowieso alles Fiktion ist. Die Idee dahinter trifft aber einen Teil dessen, was ich als "Der Counselor" propagiere, empfehle, vorlebe, anbiete und ggfs. für Ditte umsetze.

6.2. Was verstehe ich unter einem Counselor?

Meinen Aufgabenbereich als "Der Counselor" sehe ich mehrschichtig, wobei es mir in erster Linie wichtig ist, das Verständnis bei Menschen dafür zu wecken, dass das "eigene Denken" für das "Erleben" von Bedeutung ist.

In meinem privaten und beruflichen Leben habe ich überwiegend problemorientierte Menschen getroffen. Sehr oft sieht man Probleme statt Herausforderungen oder Chancen. Die allermeisten Menschen sprechen von "müssen" statt "dürfen". Der Stress nimmt überhand, Burnouts sind fast an der Tagesordnung.

Woran liegt das? Auf diesen Punkt werde ich im folgenden Buch u.a. eingehen. Dies in der Hoffnung, dass Sie Ihr eigenes Denken und Fühlen hinterfragen und sich "neu ausrichten", nämlich lösungsorientiert und lebensbejahend.

Meine Aufgabe sehe ich hierbei als Orientierungshilfe, als Kompass für Ihr "neues Denken", als Unterstützer und Leitfigur, damit Sie das erreichen, was Sie tatsächlich möchten, und nicht das, was Sie befürchten oder ablehnen.

Als "Der Counselor" bin ich Ihr "Werkzeug" in allen Lebenslagen, ein Mensch, der weiß, dass es sich lohnt, für alles dankbar zu sein und der dabei hilft, die Chancen zu erkennen, Probleme als Herausforderungen zu sehen, für die es immer eine Lösung gibt.

6.3. Du bist, was Du denkst, also denke doch, was Du willst!

Dies ist mein Slogan, und er passt wie die Faust auf das Auge zu meiner festen Überzeugung und Vorgehensweise.

In meinen voran gegangenen Büchern habe ich immer wieder erläutert und dargelegt, wie wir durch unser Denken und Glauben unsere Umwelt und unser Erleben selbst kreieren. Ich möchte, wie schon dargelegt, keine Kapitel aus früheren Büchern übernehmen oder zitieren, aber ich empfehle, bei Interesse die beiden Bücher zum Siegersystem: Gewinnen ist Bauchsache zu lesen oder zumindest die Webseite siegersystem.de zu besuchen, um Hintergrundinformationen zu erhalten.

Der entscheidende Punkt bei allem, was Sie in diesen Büchern oder auszugsweise auf der Webseite nachlesen können, ist, dass Sie mit Ihrem Denken, Glauben und Fühlen verantwortlich sind für alles, was in Ihrem Leben passiert. Was ich darüber hinaus darstelle, sind Ansätze und Konzepte, wie Sie sich selbst disziplinieren und auf Ihrem Weg positiv beeinflussen können.

Sie sind tatsächlich das, was Sie von sich denken und glauben. Wenn Sie zu der inneren Auffassung gelangt sind, ein Loser zu sein, dann wird sich dies in Ihrem Leben widerspiegeln. Wenn Sie umgekehrt absolut davon überzeugt sind, ein Glückskind oder ein Leader zu sein, so wird man Sie genau in dieser Form wahrnehmen.

Nun gibt es fast bei allen Menschen eine Diskrepanz zwischen dem, was man, glaubt zu sein, und dem, was man sein möchte. Daraus erwachsen häufig Unsicherheit und Frustration, die dazu führen, dass man sich mit den eigenen (angenommenen oder eingebildeten) Unzulänglichkeiten beschäftigt und dieser Sichtweise weitere Nahrung gibt. Ein Teufelskreis.

Dazu kommt, dass man alles das verstärkt, an das man denkt und glaubt. Wenn man z.B. immer hofft, erfolgreich und reich zu sein, verfestigt sich dieses Mangelempfinden im Unterbewussten, nämlich gerade nicht erfolgreich und reich zu sein, so dass man das Gegenteil in das eigene Leben zieht, also erfolglos und nicht reich zu werden bzw. sein.

Ich möchte die Herleitung hierfür nicht zu weit ausführen, dies habe ich schon vielfach gemacht. Aber die daraus folgende Zielsetzung sollte somit sein:

- Du bist, was Du denkst, also denke doch, was Du willst!

Dass dies nicht so leicht umgesetzt werden kann, wie ich dies in aller Kürze dargelegt habe, ist klar, denn dann würde es jeder schon längst tun. Es gibt aber Möglichkeiten, Techniken und Hilfsmittel, diese Zielsetzung positiv zu unterstützen und auch zu erreichen. Genau hierfür biete ich u.a. meine Unterstützung als "Der Counselor" an.

Letztendlich befinden wir uns alle auf dem Weg zur Lösung "unserer persönlichen" (Lebens)-Aufgabe. Dies kann man ungeordnet, ja geradezu chaotisch "angehen" oder etwas strukturierter und fokussierter. Meine Empfehlung ist: Am besten werden Sie zu einem Lösungsfinder.

6.4. Was meine ich mit "Lösungsfinder"?

Bitte denken Sie ein paar Millisekunden über sich selbst nach. Wie ticken Sie? Sehen Sie in erster Linie Chancen und Möglichkeiten? Oder ärgern Sie sich über das schlechte Wetter, den Stau im Straßenverkehr, die steigenden Preise, einen schlechten Handyempfang, einen missmutigen Kollegen, ein verpasstes Geschäft, die Niederlage Ihres Lieblingsvereins, schlechte Nachrichten in der Tagesschau, die Verspätung eines Freundes oder was auch immer?

Bitte seien Sie ehrlich zu sich selbst. Ist es so, wie ich es fast immer erlebe, nämlich dass Sie sehr schnell etwas Negatives sehen und sich darauf konzentrieren? Sehen Sie "bevorzugt" das, was Ihnen in einer Situation missfällt, oder das, was man auch erkennen kann, wenn man die Augen positiv-orientiert fokussiert, z.B. dass der Regen die Blumen erfrischt, Sie im Verkehrsstau ein Hörspiel hören können, Sie genug verdienen, um auch höhere Preise zu verkraften, das Handy ruhig ab und zu ohne Empfang sein soll, damit Sie Ihre Ruhe haben, die Chance, einen Kollegen aufzumuntern, die Vorfreude auf das nächste Spiel Ihres Vereins, die Möglichkeit, die Tagesschau auszuschalten und stattdessen eine Liebeskomödie zu gucken oder sich zu freuen, dass Sie überhaupt Freunde haben?

Dieses positivorientierte Denken führt automatisch dazu, dass Sie bei fortwährender Übung nahezu kinderleicht sehr schnell mögliche Lösungen bei subjektiv empfundenen Problemen erkennen. Mir geht es so. Ich bin ein Lösungsfinder. Egal, was kommt, ich weiß mir und besonders gerne auch anderen zu helfen.

Dieses "andere Denken", nämlich in nahezu allen Bereichen des Lebens, sowohl im privaten Bereich, als auch im geschäftlichen Umfeld, ausschließlich "Lösungen zu erwarten" hat bei mir ganz sicher auch etwas damit zu tun, dass ich mir in unendlich vielen Themenbereichen Einblick verschaffen und früher sehr viele "Erfahrungen" sammeln durfte. Aber allein darauf schiebe ich dieses lösungsorientierte Denken heute nicht mehr. Ich bin sicher, dass sich absolut jeder Mensch gedanklich neu und lösungsorientiert ausrichten kann, und ich möchte Ihnen auf Ihrem Weg helfen.

7. Der Ursprung

7.1. Warum und warum nicht?

Wie wahrscheinlich sehr viele Menschen habe ich mich schon (fast) immer gefragt, warum einige Menschen erfolgreich sind und den Erfolg anziehen und andere Menschen von einem Misserfolg zum nächsten "humpeln". Warum scheint bei dem einen das Glück geradezu in den Schoß zu fallen, bei dem anderen "will" aber auch gar nichts klappen? Warum schreibt der eine ohne große Lernaktivitäten überwiegend gute Noten, der andere fällt jedoch bei Prüfungen durch, egal wie viel er lernt? Warum gibt es Vereine, die regelmäßig Titel gewinnen, andere "versagen" aber immer wieder kurz vor einem möglichen Erfolg?

Haben Erfolg und Misserfolg etwas mit Geld zu tun? Oder muss man intelligent und womöglich gebildet sein, um Erfolg haben zu können? Oder steht die Intelligenz einem Erfolg sogar im Weg? Was unterscheidet erfolgreiche Siegertypen von den wiederholt auf der "Schattenseite" Stehenden, egal wie sehr sich diese auch anstrengen?

Im Laufe der Zeit habe ich "unendlich" viele Bücher gelesen, aber "besser" ist es nicht geworden. Ich habe zwar immer alles erreicht, was ich wollte, z.B. Abitur, Studium, Dissertation, Unternehmenserfolg, aber das ganz Große, das ich für mich erwartet hatte, war lange nicht in Sicht. Dazu kamen immer wieder "gefühlte" Rückschläge, bei denen ich viel Geld "verloren" habe.

Bücher von Dale Carnegie, Napoleon Hill, Jack Canfield, Tony Robbins, Rhonda Byrne, Barbara Mohr und viele mehr habe ich geradezu verschlungen. Trotzdem wies mich meine Frau ab und zu mit folgenden Worten auf mein "altes Verhalten" hin:

- "Du liest so viele schlaue Bücher. Warum hältst Du Dich nicht daran? Warum setzt Du es nicht um?"

Was sollte ich darauf antworten? Sie hatte recht. Ich habe unendlich viele schlaue Bücher gelesen, aber "gebracht" hat es nicht viel. Nur warum nicht?

7.2. Die Gesetze des Lebens

Irgendwann habe ich mich verstärkt mit Themen aus dem Bereich der Psychologie (u.a. Positive Psychologie, NLP u.v.m.) beschäftigt. Mit den Gesetzen des Universums, mit dem Gesetz der Anziehung, mit dem Gesetz der Resonanz, mit dem Gesetz des Glaubens und Vertrauens und vielem mehr, dazu mit allen Themen rund um das Bewusstsein, dem Unterbewussten, dem Glauben, dem Danken und so weiter. Die Ergebnisse mündeten in Konzepte, Webseiten und Bücher, womit Menschen geholfen werden konnte.

Ein "Nebeneffekt" war, dass ich durch Selbstversuche gemerkt habe, dass sich irgendetwas veränderte. Ich hielt dies nie für Zufall, denn an Zufälle glaube ich nicht. Ich hielt dies von Beginn an für das Ergebnis eines veränderten Denkens, wobei ich anfänglich nicht abschätzen konnte, ob dies alles "nachhaltig", also von Dauer sein würde.

Je länger ich mich jedoch "disziplinierte" und sehr bewusst eine fortwährende Gedankenhygiene "übte", desto auffälliger wurden die Ergebnisse und Erfolge. Es traten Menschen in mein Leben, die genau zu meinen "Gedanken" passten. Es ergaben sich Möglichkeiten, die ich zuvor nicht ansatzweise für realistisch erachtet hatte. Ich "durfte" mich so oft bedanken, wie noch nie zuvor in meinem Leben, und zwar bei "demjenigen", "der" dies alles ermöglicht hat, nämlich unserem "Schöpfer" oder wie Sie "das Unfassbare", "das Eine", nennen mögen.

Was ich als besonders spannend empfunden habe, was mich geradezu begeistert hat, war die Erfahrung, dass ich Menschen, die ich von meinem Weg und meinen Ergebnissen überzeugen konnte, ähnliche Erlebnisse hatten, zumindest solange sie sich an meine empfohlene "Neuausrichtung ihrer Gedanken" gehalten haben.

7.3. Gedankenhygiene

Eine nachhaltige Gedankenhygiene, wie ich das nenne, war bei einer kontinuierlichen Begleitung durch mich, insbesondere mit Unterstützung durch einige technische Hilfsmittel möglich. Mit einmal schien alles "irgendwie leichter" zu fallen und zu gehen.

Diese ersten Erfolge führten dazu, dass ich mich intensiv mit allen "Bausteinen" beschäftigt habe. Mit physikalischen und biologischen Hintergründen, mit Affirmationen und Suggestionen, mit Hypnose und Trance und vielem mehr.

Letztendlich floss alles in das Konzept "Der Counselor" ein.

8. Der Ansatz

8.1. Jeder ist seines Glückes Schmied

Können Sie sich vorstellen, dass Sie tatsächlich - wie man es so oft hört - Ihres Glückes Schmied sind und zu 100% verantwortlich für alles, was in Ihrem Leben passiert? Also z.B. auch für Ihren Erfolg! Falls Sie sich das nicht vorstellen können oder "wollen", dann werde ich Ihnen gerne helfen, Ihr aktuelles Gedankengerüst zu hinterfragen.

Der Nachteil Ihres "Erkennens" ist, dass Sie sich nie wieder als Opfer fühlen und darstellen können, z.B. um Mitgefühl oder sogar Mitleid zu "erhaschen". Der große Vorteil dieses neuen "Wissens" ist jedoch, dass Sie sich ab sofort der "Herrschaft über Ihr Leben" bewusst sind, alles zielgerichtet selbst beeinflussen können und die Freiheit haben, Ihre Vorstellungen zu manifestieren.

Eine Kernzielgruppe von mir sind "Hochleistungssportler". Gerade Profi-Sportler verweisen sehr häufig darauf, dass der "Kopf nicht mitgespielt" hat oder sie "im Kopf blockiert" waren. Das haben Sie bestimmt schon oft gehört.

Man war mit seinem Bewusstsein z.B. abgelenkt und nicht "bei der Sache". Man hat nicht die letzten 1-2% gegeben, sondern nur mit 98%-99% agiert oder gespielt. Diese 1%-2% weniger haben dann dazu geführt, dass man verloren hat, anstatt zu gewinnen oder das zu erreichen, was man angestrebt hat.

8.2. Das Unterbewusste ist entscheidend

Ich behaupte allerdings ganz im Gegenteil, dass über Sieg oder Niederlage nicht im Bewusstsein, sondern im Unterbewussten entschieden wird. Das Unterbewusste steuert das komplette vegetative Nervensystem und ist "Herberge" aller Gefühle und Emotionen. Man spricht auch häufig von Intuition oder Bauchgefühl, wenn man etwas "mit dem Bauch" entscheidet, anstatt mit dem Kopf, also mit der Ratio.

Warum ich diese Behauptung aufstelle und wie man sich auf Sieg "programmieren" kann, habe ich schon oft erläutert, z.B. beim Siegersystem-Konzept. Das Konzept "Der Counselor" geht noch weiter, es ist nicht nur eine Lebenseinstellung, sondern eine konkrete Anleitung und Begleitung (Personal Coaching) für Menschen, die entweder noch nicht "ihren Weg" gefunden haben oder Unterstützung nutzen möchten, auf "ihrem Weg" erfolgreich zu sein.

8.3. Sehen Sie sich als Gewinner

Im Fokus steht ähnlich wie beim Siegersystem-Konzept nicht ausschließlich das Gewinnen, sondern sich selbst als Gewinner zu sehen und zu fühlen, das eigene Leben als Gewinn anzusehen und als Geschenk anzunehmen, indem man die positiven und schönen Aspekte in den Mittelpunkt des eigenen Denkens und Fühlens rückt. Und zwar immer, ganz unabhängig von bisher als negativ angesehenen Begleiterscheinungen.

Meine Tätigkeit als Siegersystem-Coach/Trainer machte mir unglaublich viel Spaß. Mein Personal Coaching als "Der Counselor" ist aber tatsächlich das Schönste, was ich mir im Moment vorstellen kann, da ich im direkten Miteinander Menschen auf "ihren Weg" zum Erfolg anleiten und begleiten darf.

8.4. Beispiel für ein Selbstcoaching

Ich möchte Ihnen ein Beispiel für ein Selbstcoaching, wenn man es betrachten kann, geben. Es geht um einen von Natur aus ehrgeizigen Menschen. der nicht aufgibt, bis es vollbracht ist, selbst wenn er diese Aufgabe äußerst widerwillig erledigen muss.

Zu Beginn seines Physik-Studiums hat ein junger Mann sein erstes Unternehmen gegründet, um sich ein angenehmes Leben finanzieren zu können. "Dummerweise" hat bei ihm das Geld verdienen sehr viel besser geklappt, als erwartet. Er konnte sich praktisch alles leisten, was er wollte.

Der Inhalt des Studiums hat durch die Unternehmensleitung etwas "gelitten". Die ersten vier Semester bis zum Vordiplom waren für ihn zwar leicht zu bewerkstelligen, aber die ersten Vorlesungen im fünften Semester in Theoretischer Festkörperphysik haben ihn auf den Boden der Realität zurückkommen lassen. Im diesem fünften Semester wurde ihm klar, dass das Physik-Studium eine Nummer zu groß für ihn sein würde.

Sein Engagement bzgl. seines Studiums hat er daraufhin deutlich reduziert. Er hat zwar die Mindestanforderungen erfüllt, aber letztendlich war er sich sicher, dass er das Studium nicht erfolgreich würde abschließen können. Er konzentrierte sich daraufhin auf sein Unternehmertum und war damit erfolgreich.

Warum sollte er also dieses Studium noch zu Ende bringen? Ich sage es Ihnen: Weil ganz tief in ihm die Einstellung vorherrschte, dass er alles erfolgreich beendet, was er anfängt. Er wusste in seinem Innersten, dass er alles erreichen kann und wird, was er unbedingt schaffen will. Und darum hat er sich bewusst neu fokussiert und seinen "Autopiloten" auf "Sieg" programmiert.

An einem Januar-Morgen wachte er auf und wusste, dass er "den Hintern zusammenkneifen" und einfach Gas geben musste, ganz egal was irgendjemand sagt. Er fuhr zur Universität, erklärte dem Professor für Theoretische Physik I, Herrn Prof. Dr. Hellmut Keiter (* 26. Februar 1940 in Hamburg; † 27. März 2007 in Essen), sein Dilemma und bat ihn um Hilfe. Der Professor schlug vor, dass der Student erst einmal die Semester des Grundstudiums und des Hauptstudiums autodidaktisch nachholen und lernen sollte, um dann bei ihm eine Test-Prüfung zu machen, die keine negativen Auswirkungen haben würde.

Dieses Angebot empfand der Student als eine super Idee. Er fragte den Professor, wieviel Zeit er ihm einräumen würde, um acht Semester Physik nachzuholen und autodidaktisch zu lernen. Die Antwort lautete: Sechs Wochen.

In sechs Wochen sollte das komplette theoretische Physikstudium gelernt werden? Eigentlich nicht möglich, außer wenn man es unbedingt-unbedingt-unbedingt will. Und das wollte der Student mit aller Kraft. Er machte einen selbstcoachenden Plan und befolgte ihn. Nach sechs Wochen wurde die Testprüfung durchgeführt, die der Professor mit einer 3-bewertet hätte. Der Student war begeistert, lernte weitere zwei Wochen bis zur "echten" Prüfung, die dann sogar mit einer 2 benotet wurde.

Direkt nach der Prüfung in Theoretischer Physik ging der Student zu einem Professor für Experimentelle Physik, erklärte ihm den Ablauf der letzten acht Wochen und machte sechs Wochen später die Prüfung in Experimenteller Physik, die gleichfalls mit einer 2 benotet wurde.

Danach ging er zurück zum Professor für Theoretische Physik I, Herrn Prof. Dr. Hellmut Keiter, der den Studenten als Diplomanden für eine wissenschaftliche Arbeit in Theoretischer Thermodynamik annahm. 15 Monate später hatte er das Studium mit der Gesamtnote "Gut" abgeschlossen.

Was ich mit dieser Geschichte verdeutlichen möchte, ist, dass man alles schaffen kann, was man wirklich-wirklich-wirklich will und was man ganz tief im Unterbewussten für machbar und erreichbar hält. Jetzt muss man eigentlich nur noch dafür sorgen, dass ein Wunsch oder ein Ziel im Unterbewussten verankert und als unbedingt-unbedingt-unbedingt zu erreichen angesehen wird. Es ist sicher keine Überraschung für Sie, dass ich die Zieldefinition und Zielerreichung als meine Aufgabe als "Der Counselor" ansehe.

9. Kognitive Dissonanz

9.1. Was ist kognitive Dissonanz?

„Manchmal halten Menschen an einen Kernglauben fest, der sehr stark ist. Wenn sie mit Beweisen konfrontiert werden, die dem Kerngedanken widersprechen, können die neuen Beweise nicht akzeptiert werden.

> Dies würde ein Gefühl erzeugen, das extrem unangenehm ist und als Kognitive Dissonanz bezeichnet wird. Und weil es so wichtig ist, diesen Kernglauben zu schützen, werden sie alles rationalisieren, ignorieren und sogar leugnen, was nicht zum Kernglauben passt."
> (Franz Fanon)

Kommt Ihnen das bekannt vor? Falls Sie der Auffassung sind, dass Sie gegen die kognitive Dissonanz gefeit sind, dann darf ich Ihnen versprechen, dass Sie sich irren. Jeder Mensch ist fest von "Fakten" überzeugt, die weder bewiesen, noch richtig sein müssen, deren Gegenbeweis man aber nur sehr schwer akzeptieren möchte oder sogar gänzlich negiert. Als kleines Kind glaubt man vielleicht an den Osterhasen und den Weihnachtsmann und hat bei einer Gegenbehauptung Probleme, das eigene Weltbild zu verändern. Im Erwachsenenalter sind "Fakten" häufig so "festgefahren", dass gegenteilige Aussagen am liebsten ignoriert oder sogar lächerlich werden. Oder würden Sie Ihr Leben dafür einsetzen, dass Menschen auf dem Mond waren oder es umgekehrt keine Mondstation von Außerirdischen gibt? Oder dass die offiziellen Darstellungen zum Beginn der Weltkriege, Pearl Harbor, die "Gründe" für mehrere Kriege nach 1945, 9/11 usw. stimmen?

Es geht mir nicht um "Verschwörungstheorien", sondern darum, dass Sie sich bitte verdeutlichen, dass Sie nicht wissen, welches "echte Fakten" und was stattdessen "Fake-News" sind. Sie waren aller Wahrscheinlichkeit nach nicht dabei, Sie können sich nur aus Zweit- oder Drittquellen "informieren lassen".

Eventuell ist mit dieser Erläuterung besser verständlich, warum die Menschen so überaus große Schwierigkeiten hatten, dass die Erde keine Scheibe und das geozentrischen Weltbild überholt sein sollte. Wie würden Sie heute umgekehrt darauf reagieren, wenn Ihnen jemand im Brustton der Überzeugung erklärt, dass die Erde keine Kugel, sondern eine Scheibe ist? Wenn Sie bei Youtube.de die Suchbegriffe "Erde" und "Scheibe" eingeben, werden weit über 10.000 Treffer aufgelistet. Überrascht?

Wenn man nun meint, dass heute der absolute Stand der Technik und des Wissens erreicht ist, dann möchte ich auf den Physik-Professor Philipp von Jolly aufmerksam machen. Philipp von Jolly (* 26. September 1809, † 24. Dezember 1884). studierte Mathematik, Physik und Technik 1829–1831 in Heidelberg und 1832–1833 in Wien, zum Schluss in Berlin. Im Herbst 1830 löste er die Preisfrage der philosophischen Fakultät de Euleri meritis de functionibus circularibus. Er war also ein sehr renommierter Physiker und Mathematiker.

Max Planck (* 23. April 1858, † 4. Oktober 1947), ein weltberühmter deutscher Physiker, erkundigte sich bei Prof. Philipp von Jolly im Jahr 1874 nach den Aussichten eines Physikstudiums. Jolly riet ab. Der Grund: In der Physik sei bereits alles erforscht - es gäbe nur noch einige Lücken auszufüllen. 44 Jahre später erhielt Planck den Nobelpreis für Physik. Offenbar war im Jahre 1974 doch noch nicht alles erforscht. Genau das gleiche gilt natürlich für die heutige Zeit.

Durch eine ständige Wiederholung seit Ihrem Kleinkindalter, im Kindergarten, in der Schule, an Hochschulen, durch die Medien usw. werden "Fakten geschaffen", bei Ihnen ins Unterbewusste "eingepflanzt", so dass es im späteren Alter immer schwieriger wird, diese "Fakten" zu hinterfragen und ggfs. als Fake-News "über Bord zu werfen".

Wenn jemand gegen den "Mainstream" denkt, nachdem er "Fakten" hinterfragt und ggfs. als falsch entlarvt hat, wird er häufig als verrückt oder als Verschwörungstheoretiker abgekanzelt.

> „Wir alle teilen diese Kognitive Dissonanz, diese Dis-Konnektivität. So sehr, dass die Verbundenen in vielen Fällen als verrückt erscheinen!“ (Dan Schreiber)

Die Frage ist nur, was tatsächlich verrückt ist. Vielleicht ist es verrückt, nicht "verrückt", d.h. aus der Gleichartigkeit und dem Gleichdenken "verrückt" zu sein?

9.2. Warum ist ein Umdenken wichtig?

Es geht mir nicht darum, Sie zu einem neuen Denken zu "bekehren", es geht mir um ein Hinterfragen und Prüfen. Ich halte es für wichtig, dass man nicht einfach "vorgesetzte Informationen konsumiert", sondern alles, wirklich alles, auf den Prüfstand stellt, aus möglichst vielen Perspektiven betrachtet und ggfs. "verrückte" Gedanken "zulässt".

Wer immer den gleichen Weg geht, darf nicht erwarten, an einem anderen Ziel anzukommen. Wer immer die gleichen Gedanken denkt, darf nicht erwarten, eine andere Perspektive zu ermöglichen. Wer sich immer gleich verhält, darf nicht erwarten, andere Ergebnisse zu erhalten.

Ich fordere Sie nachdrücklich auf:

- Trauen Sie sich. Hinterfragen und prüfen Sie sogenannte "Fakten" und alles, was Sie zu "wissen" glauben. Lassen Sie andere Sichtweisen zu und seien Sie offen für Neues und gänzlich Anderes.

Ich habe diese Einleitung als ein frühes Kapitel gewählt, damit Sie eine Chance haben, einiges von dem, was Sie im folgenden Buch lesen werden, erst einmal vorbehaltlos anzunehmen, ohne das eine oder andere vor dem Hintergrund Ihres "Wissens" abzulehnen und sich gegen Neues zu "sperren". Es ist mir nämlich völlig klar, dass jemand, der noch nie davon gehört hat, dass das Unterbewusste die eigentliche Entscheidung bei einer Herausforderung oder Frage, z.B. bei einem Autokauf, trifft und das Bewusstsein hinterher lediglich nur die rationalen Begründungen nachliefert, von solchen Informationen "überfordert" sein kann.

9.3. Was können Sie tun?

Ein großer Teil der Überwindung von kognitiven Dissonanzen besteht in der Fähigkeit, zwischen einer veralteten und einer neu erworbenen Weltanschauung hin und her zu wechseln. Im Folgenden führe ich sieben Schritte, die ich auf transinformation.net gefunden habe, auf, um kognitive Dissonanzen zu erkennen und auszuräumen:

9.4. Alles zu hinterfragen ist die Antwort

> „Wenn du alles verstehst, musst du falsch informiert sein." (Japanisches Sprichwort)

Antworten sind für die Laien, offene Fragen sind für die Weisen. Der erste Schritt, um Weisheit zu erlangen: Erfragen Sie alles! Der zweite Schritt ist: Hinterfragen Sie die Antworten.

> „Um zu philosophieren, muss man zuerst anerkennen." (Hajime Tanabe)

Zu den schwierigsten Aufgaben des Menschseins gehört, das Selbst und das eigene "Wissen" in Frage zu stellen, insbesondere wenn es um Überzeugungen, Weltanschauungen und kulturelle Konditionierungen geht. Deshalb täuschen die meisten Menschen Stärke vor. Der „Schild" ihrer festen Überzeugung, um "unverwundbar" zu wirken und möglichst auch zu sein, ist eine tief verwurzelte Angst vor der Infragestellung dieser Überzeugungen, um nicht "verletzlich" zu sein.

> „Ein weiser Mensch ist voller Fragen. Ein langweiliger Mensch ist voller Antworten." (Paulo Coelho)

9.5. Überholung der Vorbedingungen

> „Jedes Mal, wenn du versucht bist, auf die gleiche allübliche Weise zu reagieren, frage dich, ob du ein Gefangener der Vergangenheit oder ein Pionier der Zukunft sein willst." (Deepak Chopra)

Wir müssen uns einen Punkt immer wieder vor Augen halten. Menschen sind unglaublich unsichere Tiere.

Menschen neigen dazu, sich an Bequemlichkeit zu klammern und Unbequemes zu vermeiden.

> „Komfort ist der Feind der Errungenschaften." (Farrah Gray)

Echtes Wachstum ist erst jenseits der Komfortzonen möglich, und es gibt keine widerspenstigeren Grenzen unserer Komfortzone, als diejenigen, die wir "gelernt" haben und "wissen". Diese Vorkonditionierung ist eine kulturelle Konditionierung oder vorgefasste (meist veraltete und engstirnige) Vorstellung über den Aufbau der Welt, die von unseren Vorfahren vorgefertigt oder aktuellen "wissenschaftlichen Faktenschaffern" neu formuliert werden.

Wichtig erscheint es mir, die Grenzen dieser Vorkonditionierung auszuweiten und dann so weit zu gehen, neue Grenzen zuzulassen. Eine angepasste Komfortzone ist eine ausgeweitete Komfortzone.

> „Als sie sich in einen Schmetterling verwandelte, sprachen die anderen Raupen nicht von ihrer Schönheit, sondern von ihrer Verrücktheit. Sie wollten, dass sie sich wieder in das verwandelt, was sie immer war. Aber sie hatte Flügel." (Dean Jackson)

Seien Sie bereit für Ihre Flügel!

9.6. Selbst-Dialektik

> „Der intellektuelle Fortschritt eines Menschen hängt davon ab, wie oft er einen alten Aberglauben gegen eine neue Wahrheit eintauschen kann." (Robert Grün Ingersoll)

Das Collins English Dictionary definiert Dialektik wie folgt:

> „Das philosophische Konzept, dass die Welt aus einander gegenüberliegenden, jedoch nicht unbedingt gegensätzlichen Ideen oder Konzepten besteht, die entweder einander negieren oder sich zu einem Ganzen zusammenfügen".

Selbstdialektik ist die Fähigkeit, Gegensätze zu hinterfragen, gedanklich flexibel zu bleiben und in allen Bereichen verschiedene Perspektiven zuzulassen.

> „Weiterhin im Blick zu behalten, wie die Welt sein sollte, ohne dabei jemals den Überblick zu verlieren, wie sie tatsächlich ist, erfordert ein permanentes, prekäres

Gleichgewicht. Dies erfordert, sich direkt und konsequent der Tatsache zu stellen, dass man nie die Welt bekommt, die man will, während man sich weigert, sich selbst davon abzuhalten, diese Welt zu wollen." (Susan Neiman)

9.7. Kognitive Genese

„Ein Künstler ist keine besondere Art von Mensch. Vielmehr ist jeder Mensch eine besondere Art von Künstler." (Herr Eckhart)

Die kognitive Genese ist ein endliches Muster, welches entgegen seiner Intuition wagt, Gegensätze zu erforschen und alles Undenkbare zuzulassen.

„Veränderung ist Stabilität. Die Schöpfung hört niemals auf. Alles ist ein Verb. Der Weg hinein ist der Weg heraus. Das Gehen ist das Ziel." (Reverend Adrian Cain)

9.8. Ontologischer Taschenspielertrick

„Ein wenig Aufregung gibt den Seelen Ressourcen und was die Spezies gedeihen lässt, ist nicht Frieden, sondern Freiheit." (Machiavelli)

Der ontologische Taschenspielertrick kehrt die Existenzangst um, indem die Angst als "Beschleuniger" für den Fortschritt genutzt wird, statt als Stolperstein oder Hindernis.

Kognitive Dissonanz ist die emotionale Reaktion auf die Wahrnehmung von Existenzangst in der "normalen Form". Durch ein bewusstes Umdenken verwandeln wir Grenzen in Horizonte, Straßensperren zu Trittsteinen und Niederlagen zu Chancen.

> „Die wahre Aufgabe radikaler emanzipatorischer Bewegungen besteht nicht nur darin, die Dinge aus ihrer alltäglichen Trägheit zu schütteln, sondern auch die Koordinaten der grundlegenden sozialen Wirklichkeit zu verändern". (Zlavoj Zizek)

9.9. Kognitiver Humor

> „Sich zu verlieben bedeutet, eine Religion zu erschaffen, die einen fehlbaren Gott hat." (Jorge Luis Borges)

Und genau dies trifft auf die kognitive Dissonanz zu. Wie alles, was der Mensch erschaffen hat, ist auch die kognitive Dissonanz fehlbar und keine absolute Wahrheit. Wenn man nun erkennt, dass alles fehlbar ist, kann man lernen, dieses Fehlbare mit Humor zu nehmen und darüber zu lachen. Sobald Sie gelernt haben, über alles "Wahre" und Ihr "Wissen" lachen zu können, werden Sie mit Ihren Erwartungen sehr viel nachsichtiger umgehen.

> „Vergib mir, oh Herr, meine kleinen Witze über dich, und ich werde dir deinen großen Witz über mich verzeihen." (Robert Frost)

9.10. Die kognitive Guillotine

> „Immer versucht. Immer gescheitert. Egal. Versuch's noch einmal. Wieder gescheitert. Scheitere besser." (Samuel Beckett)

Dieses Zitat von Samuel Beckett erinnert mich an Thomas Alva Edison, der viele berühmte Erfindungen gemacht hat, die berühmteste ist die Glühbirne. Es wird kolportiert, dass er über 1.000 Fehlversuche in Kauf nehmen musste, bis er eine brauchbare Lösung gefunden hatte. Ist er deshalb 1.000 Mal gescheitert? Für einen Aufgeber mag es so erscheinen, ein Gewinner würde sagen "Er ist in 1.000 kleinen Schritten dem Erfolg nähergekommen".

Die kognitive Guillotine ist ein gedankliches Besteck der Selbstüberwindung. Sie ist ein ständiges Abspalten des angestaubten und engstirnigen Denkens, welches Menschen durch die fortgesetzte Vorgabe, was man zu wissen und zu glauben hat, beschneidet, neu zu denken.

9.11. Seien Sie bereit ...

Ich bitte Sie um Ihre Bereitschaft, neue Gedanken zuzulassen. In meinen vorherigen Büchern, speziell die Bücher

- Reframingcoaching: Unterbewusstes bewusst auflösen

- Omniatherapie: Gesundheit und Glück durch Verstehen und Versöhnung (3 Bände)

- Siegersystem: Gewinnen ist Bauchsache (2 Bände)

habe ich einige "neue Gedanken" aufgeführt. In dem Buch, das Sie in der Hand halten, werden ein paar Grundgedanken als Hintergrundinformation vorausgesetzt, aber das Meiste ist, hoffe ich, auch ohne weitschweifende Erläuterungen nachvollziehbar und verständlich.

10. Motivation und das Unterbewusste

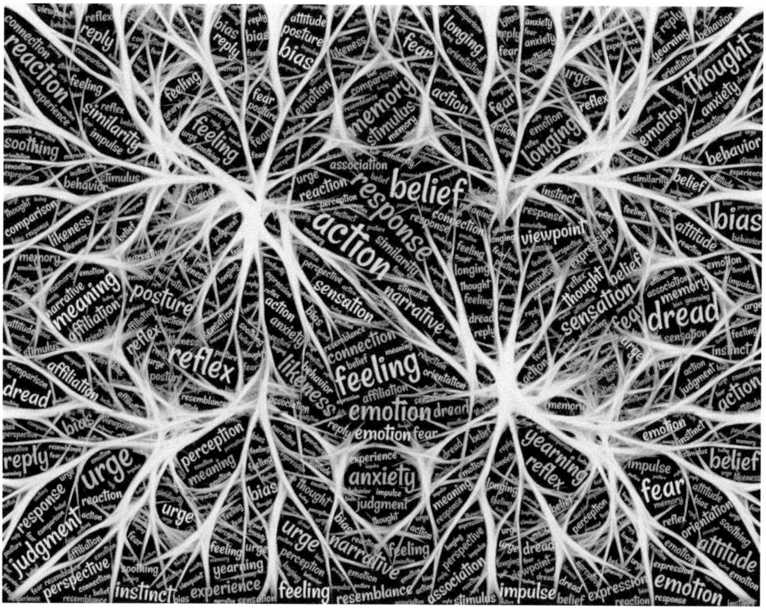

10.1. Die drei zentralen Fragen

1.) Was ist Ihre Motivation? Was ist Ihr "Warum"?

2.) Was wollen Sie wirklich-wirklich-wirklich?

3.) Was sind Ihre Bestimmung und Ihre Lebensaufgabe?

Genauso formuliere ich die Fragen in meinen Büchern immer wieder. Was ist Ihr "Warum"? Was wollen Sie wirklich-wirklich-wirklich? Was ist Ihr Lebensziel? Nur wenn man weiß, warum und was man wirklich-wirklich-wirklich will und dieses Ziel verbalisiert und vor Augen hat, ist man in der Lage, dieses Ziel zu erreichen.

Wohin möchten Sie in den Urlaub fahren? Dahin, wo es schön ist! Wenn Sie mit dieser ungenauen Vorstellung eine Reise buchen möchten, dann wird das Ergebnis höchstwahrscheinlich nicht das sein, was Sie wirklich-wirklich-wirklich wollen.

Stattdessen sollten Sie eine Vorstellung davon haben, wie genau Ihr Urlaub aussehen soll. Welches Land? Meer? Berge? Vielleicht ein Hotel mit Meerblick? 3, 4 oder 5 Sterne? Gutes Essen? Vielleicht All Inclusive? Mit Familienunterhaltung? Oder mit Ausflugsangeboten? Und so weiter. Erst wenn man genau weiß, was man wirklich-wirklich-wirklich will, kann man "es" buchen und erreichen.

Dabei spielt es für Ihren Erfolg eine extrem große Rolle, ob Sie eine intrinsische Motivation verspüren oder ob ihre Motivation extrinsisch "gesteuert" wird. Wenn Sie aus sich heraus z.B. unbedingt ein Spiel gewinnen wollen, werden Sie bis zur letzten Sekunde kämpfen, um dieses Ziel zu erreichen. Wenn jedoch nur die Begleitumstände und Rahmenbedingungen einen Sieg "erwarten", werden womöglich genau die 1-2% fehlen, die den Unterschied zwischen Sieg und Niederlage ausmachen.

Und damit sind wir beim entscheidenden Punkt, der einen Gewinner von einem Nicht-Gewinner unterscheidet.

10.2. Das Unterbewusste

Häufig wird von Unterbewusstsein gesprochen, ich selbst tue das häufig auch. Richtiger wäre es jedoch vom Unterbewussten zu sprechen, also ohne "sein". Mit dem Wort "sein" bringt man überwiegend etwas "eigenständig Bewusstes" in Verbindung, was gerade beim Unterbewussten nicht der Fall ist.

Das Unterbewusste steuert aber nahezu Ihr ganzes Leben. Es erscheint mir dementsprechend sehr sinnvoll, das Unterbewusste genau zu betrachten.

Als erstes betrachten wir die Begriffe Unterbewusstes und Unbewusstes. Der Unterschied ist, dass wir auf unser Unbewusstes willentlich so gut wie keinen Zugriff haben. Die meisten lebensnotwendigen Funktionen laufen komplett unbewusst ab. So steuern wir bewusst z.B. weder unseren Blutdruck, noch unseren Hormonspiegel.

Das Unterbewusste ist umfasst demgegenüber alle Vorstellungen, Erinnerungen, Eindrücke, Motive, Einstellungen und Handlungsmotivationen. Unterbewusst steuern diese Elemente unserer Psyche unser tägliches Verhalten, Fühlen und Denken.

Das Unterbewusste hat darüber hinaus die Aufgabe, die Dinge wahrzunehmen, die wir bewusst nicht vollständig aufnehmen "können". Die Zahl der Eindrücke, die uns in jedem Moment erreichen, z.B. visuell und akustisch, z.B. Farben, Formen, Bilder, Töne, Geräusche und Stimmen, aber auch haptische Reize, wie z.B. Berührungen, ein kalter oder warmer Luftzug, Schmerzen usw., dazu Gerüche, Empfindungen u.v.m., kann von uns nicht bewusst verarbeitet werden.

Wenn man nun weiß, dass das Unterbewusste für einen Großteil unseres Lebens und insbesondere auch für unsere Motivation, etwas zu tun oder erreichen zu wollen, verantwortlich ist, dann liegt es nahe, genau hier anzusetzen.

... und genau dies ist die Aufgabe und Herangehensweise von "Der Counselor".

11. Webseiten und Bücher

11.1. Vorläufer-Webseiten

Das Konzept "Der Counselor" fußt auf vielen Erfahrungen und Erkenntnissen, die ich auf vorangegangenen Webseiten dargestellt habe. Hierzu gehören folgende aktuell noch verfügbare Webseiten:

11.2. reframingcoaching.de: Unterbewusstes bewusst auflösen!

Beim Reframingcoaching werden Hintergründe von Symptomen, die auf psychische Ursachen zurückgeführt werden können, betrachtet, aber auch Lösungen vorgestellt, wie man z.B. Raucher und Nichtraucher gleichzeitig sein, sein Wunschgewicht erreichen, den passenden Partner finden, Pubertätsprobleme minimieren, Migräne reduzieren, Konflikte beilegen uvm. tun kann.

11.3. omniatherapie.de: Gesundheit & Glück durch Verstehen & Versöhnung!

Die Omniatherapie geht sehr viel weiter bei der Betrachtung von Symptomauslösern und betrachtet insbesondere auch familiäre Konstellationen (ähnlich Familienaufstellung) und sogar vorangegangene Inkarnationen.

11.4. siegersystem.de: Gewinnen ist Bauchsache!

Das Siegersystem behandelt das Thema "Gewinnen ist Bauchsache" und zeigt Wege auf, das eigene Denken positiv und konstruktiv auszurichten, sowie Hilfsmittel zu nutzen, um mit dem eigenen Denken das zu erreichen, was man wirklich-wirklich-wirklich möchte.

11.5. submediation.de: Konflikte "über" das Unterbewusste lösen!

Das Konzept der Submediation, abgeleitet von Subconscious = unterbewusst und Mediation, zeigt Wege auf, wie man mit Einbindung des Unterbewussten eine Auflösung von versteckten "falschen" Glaubenssätzen und tief verankerten gelernten Verhaltensmustern z.B. bei Verhandlungspartnern erreichen kann, so dass eine Konfliktlösung, z.B. eine Vertragsfindung, erreichbar wird.

11.6. seelencoaching.de: Das wichtigste Wort zum gesund & glücklich sein: Danke!

Auf der Webseite und im dazugehörenden Buch leite ich her, warum es möglich und wichtig ist, für alles dankbar zu sein und sich auf das Positive jeder Situation zu fokussieren, um ein gesundes und glückliches Leben führen zu "können".

11.7. omnia.vision: Das holistische Gesamtkonzept

Bei allen Konzepten, Coachings und Therapieangeboten wird ein holistisches Denken verfolgt. Der Mensch wird in seiner Ganzheit aus

Körper – Geist – Seele

wahrgenommen. Ziel ist es, als „ein Werkzeug" den Protagonisten bei der Lösung von Problemen auf allen Ebenen zu unterstützen.

Diese dreiteilige ganzheitliche Betrachtungsweise (Trinität) betrifft nicht nur die Ebenen aus Körper, Geist und Seele, sondern auch:

Zeugung – Leben – Tod

Unterbewusstes – Wachbewusstsein – Überbewusstsein

Vergangenheit – Gegenwart – Zukunft

Im Fokus steht dabei die Psyche bzw. genauer das Unterbewusste des Hilfesuchenden. Das Ziel ist es, herauszufinden, welche Gedanken und Gefühle dazu geführt haben, Probleme im Hier und Jetzt zu manifestieren, um in einem zweiten Schritt zu versuchen, diese unbewussten Abläufe liebevoll aufzulösen.

Die Omniavision beinhaltet u.a. Bestandteile der Supervision, der Psychologie (inkl. positiver Psychologie), der Psychotherapie, der systemischen Therapie (inkl. Familienaufstellung), des NLP und der Hypnotherapie.

Von der Seite omnia.vision (bzw. auch omniavision.de) kann man alle übrigen Seiten erreichen.

12. Sie brauchen niemanden ...

Ein Punkt ist mir sehr wichtig:

- Sie brauchen niemanden, um Ihren Weg zu finden, zu gehen und erfolgreich zu sein!

Sie brauchen keinen Lehrer oder Guru, keine schlauen Bücher oder Videofilme auf Youtube. Sie brauchen weder Menschen, noch irgendwelche Anleitungen. Alles, wirklich alles, ist in Ihnen verwurzelt, Sie müssen nur bereit sein, auf Ihr Inneres zu hören und Ihren Weg zu gehen.

Ich möchte diesen Punkt vor allem so deutlich herausstellen, weil ich zutiefst davon überzeugt bin, dass jeder Mensch seinen eigenen Weg gehen kann. Jeder Weg ist so individuell, wie es die Menschen auch sind. Ich meine sogar, dass jeder

Mensch seinen eigenen Weg gehen "muss" und nicht hinter irgendwelchen Propheten herlaufen sollte.

Ein Prophet bin ich ganz sicher nicht, lediglich ein Mensch, der Erfahrungen sammeln durfte und diese gerne mit Ihnen teilen möchte. Wenn Sie einige Gedanken, die ich im Folgenden aufführe, zum Anlass nehmen könnten, Ihren Weg zu beschreiten, würde mich dies sehr freuen. Gerne stehe ich Ihnen als "Der Counselor" für eine erfolgreiche Umsetzung zur Verfügung.

13. Die Aktivierung Ihres Gewinner-Gens

13.1. Das Gewinner-Gen aktivieren

Meine Kernaufgabe als "Der Counselor" ist es, Menschen auf "ihren Weg" zu begleiten, sowie insbesondere dabei zu helfen, eine Gedankenhygiene zu lernen und sich auf Erfolg und das Erreichen von Zielen zu fokussieren, also z.B. im Unterbewussten ein "Gewinner-Gen" einzupflanzen. Dies geschieht über mehrere parallel ablaufende Wege, die ineinandergreifen und sich gegenseitig ergänzen.

Mit "Gewinner-Gen" meine ich nicht, dass jeder ab sofort immer "Deutscher Meister" in irgendeiner Sportart wird oder jeden Wettkampf gewinnt. Dies ist schon allein deshalb nicht möglich, weil ich dann z.B. 18 Fußball-Bundesligisten "versprechen können" müsste, dass sie "Deutscher Meister" werden. Wie soll das gehen? 17 Vereine wären dann nach Ende einer Saison ziemlich enttäuscht.

Mit "Gewinner-Gen" ist gemeint, dass jeder das für sich Optimale erreichen kann und auch erreicht. Es soll dann nicht irgendwann heißen, dass jemand "mehr aus seinem Talent hätte machen können". Nein, mit Hilfe einer konsequenten Anwendung von "Der Counselor"-Vorgaben, so behaupte ich, ist es möglich, das maximal Erreichbare zu schaffen und alles umzusetzen, was einem tatsächlich "möglich ist".

Nach meiner Einschätzung und Erfahrung ist fast jedem Menschen mehr "möglich", als er tatsächlich erreicht. Dies betrifft nicht nur die Bereiche, die man eventuell als naheliegend betrachtet, nämlich Beruf (z.B. Leistungssportler) und Geld, sondern auch völlig andere Lebensbereiche, bei denen man gar nicht so sehr vermutet, dass ein "Gewinner-Gen" sinnvoll sein kann.

13.2. Maximum erreichen

Das Gegenteil von "siegen" ist übrigens nach meiner Meinung nicht "verlieren". Wer z.B. Sport treibt, weiß, dass das Verlieren genauso zum Sport dazugehört, wie das Siegen. Viele Hochleistungssportler haben z.B. geäußert, dass sie erst eine Niederlage stark gemacht hat oder sie an einer Niederlage gewachsen sind.

Für mich ist das Gegenteil von "siegen" eher "aufgeben" oder "nicht das Maximale erreichen" oder "das Opfer sein". Mit Hilfe der "Der Counselor"-Techniken, davon bin ich überzeugt, kann jeder das erreichen, was ihm maximal möglich ist. Und wenn dazu eine "Deutsche Meisterschaft" oder mehr gehört, dann wird das, dessen bin ich mir sicher, erreichbar werden.

Warum gibt es in allen Sportarten Vereine, die scheinbar immer - geradezu wie gesetzlich vorgeschrieben - zu gewinnen scheinen und denen man einen "Dusel" oder ein Übermaß an Glück unterstellt, und andere, die immer wieder in Abstiegsgefahr geraten, obwohl sie ähnlich viel oder womöglich genauso viel Geld ausgeben? Am Geld kann es nicht alleine liegen, denn dann müsste die Reihenfolge in der Endabrechnung bereits vor der Saison, zumindest zum großen Teil, feststehen.

Es ist im Prinzip sehr einfach. Die Spieler des erfolgreichen Vereins haben schlicht ganz schnell und tief verinnerlicht, dass sie "selbstverständlich" gewinnen werden, die Spieler des anderen Vereins hoffen, irgendwie durchzukommen und möglichst weniger Spiele zu verlieren, als einige andere Mannschaften. Das Denken und die Herangehensweise an eine Saison oder ein Match sind völlig unterschiedlich.

Nun ist es nicht möglich, mit den Spielern eines Vereins, der sich bisher mehr mit dem Abstieg und dem verlieren auseinandergesetzt hat, in einem kurzen Gespräch die unterbewussten Hintergründe zu besprechen und daraus folgernd anzunehmen, dass jetzt alle Spiele gewonnen werden. Wer dies für möglich hält, forscht womöglich parallel nach der eierlegenden Wollmilchsau und sucht im Geburtenregister nach dem Weihnachtsmann.

Aber ... und das ist die positive Nachricht. Es ist möglich, es dauert nur länger, als ein paar Tage! Es braucht Zeit ...

13.3. Es braucht Zeit

Es tut mir Leid, dass ich an dieser Stelle keine positivere Nachricht für Sie habe, aber das Umdenken inkl. glauben und vertrauen dauert seine Zeit, es muss erlernt und immer und immer wieder geübt und wiederholt werden. Bayern München hat das "Mia san mia" nicht in vier Wochen manifestiert, sondern in über 40 Jahren.

Die gute Nachricht ist jedoch, dass es möglich ist, ansonsten hätte ich mir das Schreiben meiner Bücher "sparen" können.

Ich möchte dies mit Beispielen erläutern, die nahezu jedem von Ihnen bekannt vorkommen.

- Als Sie Ihre Muttersprache erlernt haben, dauerte dies ganz sicher länger als ein bis zwei Stunden. Es war ein Prozess über Monate und Jahre.

- Als Sie laufen gelernt haben, haben Sie auch das sichere Laufen und Rennen nicht von heute auf morgen beherrscht, sondern mussten immer und immer wieder das Aufstehen und Laufen üben.

- Als Sie Ihren Führerschein gemacht haben, haben Sie das Fahrzeug nicht nach einer Fahrstunde perfekt beherrscht und ohne nachzudenken die Kupplung getreten, geschaltet und den Verkehr beachtet. Das Beherrschen von Fahrzeugen und das unterbewusste Fahren haben sicher Monate gedauert.

Solche Beispiele könnte ich seitenweise aufführen, aber Sie werden wissen, worauf ich hinauswill. Es geht mir darum, dass Sie nicht erwarten dürfen, das "Gewinner-Gen" nach Lesen eines Buches verinnerlicht zu haben. Nein, auch in dieser Beziehung befinden Sie sich in einem Lernprozess, der durch ständige Wiederholung und mit viel üben zu einer "eigenen Meisterschaft" führt. Zur Beruhigung: Dies gilt für mich gleichermaßen.

Ich möchte Sie aber ermutigen und ermuntern, diesen Weg konsequent zu beschreiten. Es reicht nicht aus, zu wissen, dass "Bestellungen beim Universum" oder "The Secret" möglich sind, man muss, um tatsächlich Erfolg auf seinem Weg haben zu können, auch die Umsetzung wagen und sich dabei selbst disziplinieren.

Ähnlich wie es Thomas Alva Edison schon sagte:

- "Genius is one per cent inspiration, ninety-nine per cent perspiration."

Auf Deutsch:

- "Genialität ist 1 Prozent Inspiration und 99 Prozent Transpiration"

Was Sie übrigens, wenn Sie sich aufraffen, diesen Weg zu beschreiten und das "Der Counselor"-Konzept mit Nachdruck und diszipliniert umzusetzen, erleben werden, ist auch für mich selbst eine immer wieder erstaunliche und faszinierende Erfahrung. Sie werden mit einmal mit Menschen zusammenkommen, die ähnlich denken und z.B. auch unbedingt gewinnen wollen. Das Gesetz der Resonanz wird Sie mit Gleichgesinnten zusammenbringen, die Sie bestärken und ermutigen werden, weiter zu machen. Sie werden nicht alleine sein und schon gar nicht alleine gelassen. Glauben Sie mir.

13.4. Immer weiter ...

Es gibt Menschen, die ich für ihre Einstellung und ihr Selbstverständnis aufrichtig bewundere. Hierzu gehören z.B. Matthias Sammer und Oliver Kahn. Als 2001 die Deutsche Meisterschaft drei Minuten vor Saisonende für den FC Bayern München verloren war, dessen waren sich alle Zuschauer sicher, schrie Oliver Kahn seine Mitspieler an "Weiter, immer weiter!". Und Bayern München wurde zum Leidwesen des FC Schalke 04 doch noch durch ein Freistoßtor in der Nachspielzeit Deutscher Meister.

Ist dies nun einfach nur Glück gewesen? War es schlicht lediglich der gerne kolportierte "Bayern-Dusel"? Ich denke das nicht. Der FC Bayern München strahlt von ganz oben (Präsidium, Vorstand) quasi bis zum letzten Mitarbeiter aus:

- "Wir spielen auf Sieg. Wir wollen und wir werden gewinnen. Über etwas Anderes wird gar nicht erst nachgedacht!"

Und genau dieses Gedankenziel bei Menschen zu verankern, ist die Aufgabe von, die ich als "Der Counselor" verfolge.

Was man vor allem feststellen wird, ist, dass man sukzessive immer mehr die positiven Aspekte von Äußerungen, Erlebtem, Erfahrungen und Gegebenheiten erkennen und fühlen wird. Man wird immer mehr, egal was passiert, positiv auf Worte und Dinge reagieren, die einen bisher womöglich noch emotional "runtergezogen" haben. Der riesige Vorteil dieser neuen Reaktionsweise ist, dass etwas von Tag zu Tag wächst, nämlich das "Gewinner-Gen".

Mit zunehmender Neuausrichtung des Denkens, mit wachsendem Vertrauen in sich selbst und das Leben, mit neuem Selbstbewusstsein und Selbstvertrauen und der irgendwann absolut verinnerlichten Erkenntnis, dass alles gut ist, wie es ist, wird es beinahe unmöglich sein, über "vergossene Milch" zu weinen oder nach einer "gefühlten Niederlage" aufzugeben. Man wird jede Aufgabe als positive Herausforderung annehmen und sie in vollem Bewusstsein um die eigene Stärke und das unausweichlich positive Resultat meistern können.

Dieses absolute "Gewinner-Gen" ist nach meiner festen Überzeugung für jeden Menschen erreichbar. Somit ist für jeden all das möglich, was man sich maximal zutraut und unbedingt erreichen möchte. Weiter, einfach immer weiter ...

14. Auch nur Menschen

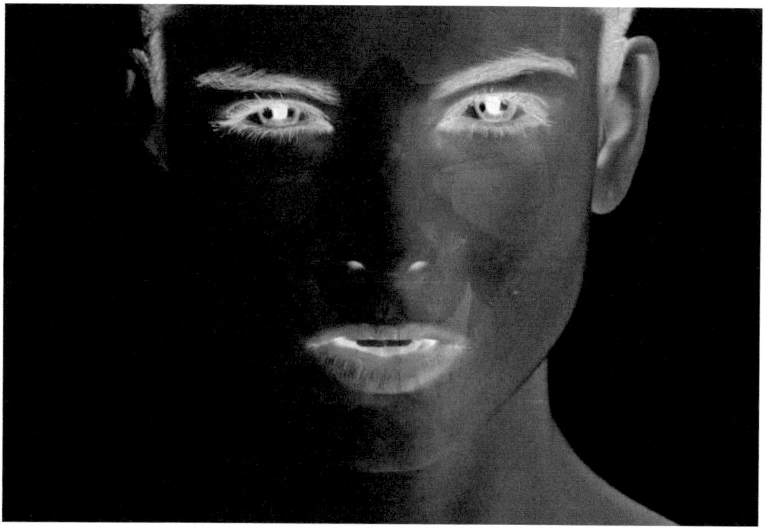

14.1. Das ist ein Profi, der muss Leistung bringen

Sehr häufig hört und liest man, dass Zuschauer oder Medien der Auffassung sind:

- "Das ist ein Profi, der muss immer 100% Leistung bringen."
- "Die verdienen Millionen, die müssen Kritik vertragen können."

- "Der oder die ist im Vorstand eines DAX-Unternehmens und bekommt Millionen-Boni, der/die muss immer alles richtig entscheiden und Erfolg haben."

Ich bringe es im Folgenden auf den Punkt:

➢ Das ist Quatsch, Unfug, dummes Zeug und völlig an der Realität vorbei.

Es spielt überhaupt keine Rolle, wie viel Geld ein Mensch für seine Tätigkeit, z.B. als Geselle, Handwerker, Lehrer, Unternehmer, Sportler oder Manager erhält, das menschliche Empfinden wird sich nur sehr sekundär am Gehalt oder an Bonuszahlungen orientieren. Es sind und bleiben Menschen mit Stärken und Besonderheiten, z.B. einem besonderen Talent, aber auch mit Schwächen und Angriffsflächen.

Ein Spitzensportler, der in der Zeitung liest, wie schlecht er gespielt hat, wird mindestens genauso darunter "leiden" (auch wenn er es nicht zugibt), wie ein Freizeitsportler, der von seinen Freunden ausgelacht wird, wenn er aus fünf Metern das Tor nicht getroffen hat. Der Spitzensportler hat nur den ungeheuren Nachteil, sich nicht wehren zu können und zu wissen, dass sehr viele Menschen diese negative Beurteilung gelesen oder gehört haben. "Wo ist das nächste Mauseloch?", denkt man dann schnell. Die Höhe des Gehaltsschecks ist für die Verarbeitung solcher "Nackenschläge" im Unterbewussten völlig irrelevant.

14.2. Erste Empfehlung

Zu meinen ersten Empfehlungen bei einem Coaching gehört es deshalb, sofort alle Medien (Zeitungen, Zeitschriften, Magazine, Fernsehen, Facebook, Twitter, Instagram usw.) so weit wie möglich zu meiden, zumindest die Inhalte konsequent auszublenden, die sich mit dem Berufsumfeld des Protagonisten beschäftigen.

Natürlich kann ein Fußballer weiterhin Radio hören (außer Fußballsendungen) und Filme auf Netflix o.ä. sehen, aber nach meiner Überzeugung sollte er alles meiden, was mit Fußball zu tun hat und möglichst alle Freunde, Bekannte und die Familie darauf hinweisen, dass er sich keinesfalls über Fußball unterhalten möchte.

In meinen Studentenjahren war ich gut mit einem Spieler von Borussia Dortmund, der für mich bis heute zu den technisch besten Spielern gehört, die jemals beim BVB gespielt haben, befreundet. Sein Name ist Marcel Raducanu. Wir haben viel miteinander gesprochen und unternommen, aber ich habe immer Wert darauf gelegt, dass wir uns nicht über Fußball unterhalten. Stattdessen waren wir lieber essen, wo ihn niemand kannte, was schwierig genug war. Dieses Leben außerhalb des Fußballs war ganz sicher eine entspannende Abwechslung. Fußballer sind auch nur Menschen ...

14.3. Fokuskorrektur

Innerhalb meiner Tätigkeit als "Der Counselor" biete ich als zweiten Schritt an, dabei zu helfen, den Fokus neu auszurichten. Anstatt dass man als Spieler, Unternehmer oder Manager die Gedanken immer und immer wieder um ein belastendes Thema kreisen lässt und die möglicherweise negativen Auswirkungen damit noch verstärkt, halte ich es für wichtig, die "Probleme" als "Aufgaben" zu sehen, die selbstverständlich gemeistert werden und die Gedanken auf positive Aspekte zu lenken, z.B. das Glücksgefühl, sobald man ein Tal durchschritten oder ein Ziel erreicht hat.

Die Hilfsmittel, die ich für diese Neufokussierung einsetze, sind vielfältig. Es werden nicht nur intensive Gespräche geführt, sondern auch subliminale Werkzeuge eingesetzt, so dass der Protagonist die positive Beeinflussung nicht bewusst bemerkt, also sich auch nicht bewusst dagegen "wehren" kann.

Hypnose kann eine sehr wirksame und zielführende Unterstützung sein, die ich sehr gerne einsetze. An dieses Hilfsmittel muss man sich jedoch gemeinsam "herantasten", bevor es genutzt wird.

15. Respekt und Wertschätzung

15.1. Warum dieses Kapitel?

Kommt es für Sie überraschend, dass ich ein Kapitel "Respekt und Wertschätzung" in ein Buch aufnehme, das sich mit dem Thema "Denken und Erfolg" beschäftigt?

Die Erklärung ist einfach. Ich halte Respekt und Wertschätzung für ein unabdingbares Muss für einen gemeinsamen dauerhaften Erfolg. Man kann zwar kurzfristig jemanden durch Druck "anspornen", aber langfristig ist dies keine erfolgversprechende Option.

15.2. Was versteht man unter Respekt?

Was versteht man eigentlich unter Respekt? Man findet hierzu:

> Respekt (lateinisch respectus „Zurückschauen, Rücksicht, Berücksichtigung“, auch respecto „zurücksehen, berücksichtigen“) bezeichnet eine Form der Wertschätzung, Aufmerksamkeit und Ehrerbietung gegenüber einem anderen Lebewesen (Respektsperson) oder einer Institution. Eine Steigerung des Respektes ist die Ehrfurcht, etwa vor einer Gottheit.
>
> Der Ausdruck wird normalerweise auf zwischenmenschliche Beziehungen angewandt, kann jedoch auch auf Tiere, Gruppen, Institutionen, Länder oder Moralansichten bzw. fremden gesellschaftlichen Ansichten bezogen werden. Respekt impliziert nicht notwendigerweise Achtung, aber eine respektvolle Haltung schließt bedenkenloses egoistisches Verhalten aus. Die Respektvorstellung ist etwas Vorausgehendes und leitet sich nicht aus einer Rechtsvorstellung ab. Aspekte des Respekts können sehr mannigfaltig sein und äußern sich in verschiedenen Gesellschaften auch unterschiedlich. Kulturell bedingte Verschiedenheiten

im Verhalten, Selbst- und Außenwahrnehmung können unbeabsichtigt den Anschein von Respektlosigkeit oder gar Tabuverletzung erwecken.[1]

15.3. Was versteht man unter Wertschätzung?

Hierzu findet man:

> Wertschätzung bezeichnet die positive Bewertung eines anderen Menschen. Sie gründet auf eine innere allgemeine Haltung anderen gegenüber. Wertschätzung betrifft einen Menschen als Ganzes, sein Wesen. Sie ist eher unabhängig von Taten oder Leistung, auch wenn solche die subjektive Einschätzung über eine Person und damit die Wertschätzung beeinflussen.
>
> Wertschätzung ist verbunden mit Respekt, Wohlwollen und drückt sich aus in Zugewandtheit, Interesse, Aufmerksamkeit, Freundlichkeit. „Er erfreute sich allgemein hoher Wertschätzung" meint umgangssprachlich: Er ist geachtet / respektiert. Es gibt eine Korrelation zwischen Wertschätzung und Selbstwert: Menschen mit hohem Selbstwert haben öfter eine wertschätzende Haltung anderen gegenüber, werden öfter von anderen wertgeschätzt, wohingegen Personen die zum aktiven Mobbing neigen, häufig ein eher geringes Selbstvertrauen damit kompensieren.

1 https://de.wikipedia.org/wiki/Respekt

> Empfangene und gegebene Wertschätzung vergrößern das Selbstwertgefühl sowohl beim Empfänger als auch beim Geber. Wertgeschätzte Personen sind, wenn sie ein offenes Wesen haben und kontaktfreudig sind, oft auch beliebt.
>
> Die positive Wertschätzung oder bedingungslose positive Wertschätzung ist ein Fachbegriff aus der Klientenzentrierten Psychotherapie von Reinhard Tausch, Carl Rogers und anderen davon beeinflussten Therapieformen. Sie gehört mit Empathie und Kongruenz bzw. Echtheit zu den drei Grundhaltungen eines Therapeuten gegenüber dem Klienten. Ziel der positiven Wertschätzung ist, den Klienten in seinen positiven Eigenschaften und im Selbstwert zu bestärken, um daraus Zuversicht und Energie zu beziehen, die den therapeutischen Veränderungsprozess fördern (siehe auch Positive Psychologie).[2]

Die Begriffe Respekt und Wertschätzung gehören für mich ganz eng zusammen und sollten nach meinem Dafürhalten eine Selbstverständlichkeit im gegenseitigen Miteinander sein.

Wenn man sich bewusst darauf fokussiert, jeden Menschen mit besonderem Respekt und hoher Wertschätzung zu begegnen, dann wird man evtl. überrascht sein, auf welche Resonanz dies stößt. Wenn Sie nicht selbst bereits diese Geis-

---

2 https://de.wikipedia.org/wiki/Wertsch%C3%A4tzung

teshaltung verinnerlicht haben, dann empfehle ich Ihnen, einen Selbstversuch zu wagen. Begegnen Sie mal vorsätzlich jedem Menschen, den Sie in Ihrem Umfeld treffen, mit dem Respekt und mit der Wertschätzung, die Sie ansonsten ggfs. bei ranghohe Würdenträgern zeigen würden. Sie werden überrascht sein, was dann passiert ...

Im Umgang mit "Untergebenen", Angestellten oder z.B. einem Team von Spielern in einem Verein wird eine solche Geisteshaltung unweigerlich dazu führen, dass die auf diese Art respektierten und wertgeschätzten Menschen Ihre Gegenwart suchen und, falls nötig, für Sie "durchs Feuer gehen".

Gegenbeispiele findet man sowohl im Businessbereich, als auch im Sport zu Hauf. Wenn Sie bewusst darauf achten, werden Ihnen beinahe täglich Situationen auffallen, in denen Menschen sich "offenbar irrational" verhalten, nur weil sie nicht den Respekt und die Wertschätzung fühlen, die sie für sich selbst reklamieren und erwarten.

Ein Team wird immer dann besonders eng zusammen und füreinander einstehen, wenn der gegenseitige Respekt und ein Höchstmaß an gegenseitiger Wertschätzung "gelebt" werden. Wenn man als Spieler "weiß" und "fühlt", dass die Mitspieler froh und glücklich darüber sind, dass man im Team alles gibt, dann wird man ganz sicher sehr viel mehr Spaß, Freude und Motivation verspüren, dieses Team mit allen Mitteln zu unterstützen.

Eine öffentliche Kritik an Mitspielern gehört übrigens nicht zu den Möglichkeiten, eine enge Verbundenheit innerhalb einer Mannschaft zu schaffen und zu fördern. Gleiches gilt für eine öffentliche Kritik am Verein, an der Vereinsführung, am Trainerstab oder den Spielern. Das "Wir" sollte immer und unter allen Umständen geschützt und gewahrt bleiben, ansonsten kommt es Stück für Stück zu emotionalen Verletzungen und Sollbruchstellen. Das Gleiche gilt für Unternehmen, der Geschäftsführung oder Mitarbeitern.

Ich empfehle deshalb jedem Baustein eines Teams immer, z.B. im Falle einer Niederlage oder bei einem geschäftlichen Misserfolg, die besonderen individuellen und menschlichen Eigenschaften jedes Einzelnen zu betonen. Das führt zu gegenseitigem Vertrauen und verschafft jedem "Teambaustein" ein gutes Gefühl.

Viele Vereine organisieren sogenannte "Teambuilding-Maßnahmen", z.B. extreme Erfahrungen in der Natur, um einen Teamspirit zu entwickeln. Tatsächlich ist es sehr viel einfacher, ein Team zu einer Einheit zu formen. Oder haben Sie mit Ihren engsten Freunden schon mal solche "Teambuilding-Aktivitäten" durchgeführt? Es reicht, dass Sie wissen, "woran" Sie bei Ihren Freunden sind, dass Sie sich auf Ihre Freunde verlassen können und dass Sie von diesen respektiert und wertgeschätzt werden.

In meiner Tätigkeit als "Der Counselor" begleite ich "Teambuilding-Maßnahmen", allerdings liegt mein Schwerpunkt darauf, ein sehr tiefes Gefühl von Respekt und Wertschätzung zu schaffen und zu manifestieren. Jede Grüppchenbildung ist kontraproduktiv. Das Gefühl, zu einer großen Familie mit einem gemeinsamen Ziel zu gehören, ist mehr wert, als jeder Gehaltsscheck.

16. Motivation und Mentalität

16.1. Warum dieses Kapitel?

Erst wenn die Begriffe Respekt und Wertschätzung innerhalb eines Unternehmens, einer Abteilung, eines Vereins, einer Mannschaft oder allgemein eines Teams mit Leben erfüllt sind, können auch die so häufig in den Mittelpunkt gerückten "Eigenschaften" Motivation und Mentalität nachhaltig zum Leben erwachen. Wenn man nämlich unterbewusst das Gefühl hat, dass man z.B. von den Kollegen oder von den Mitspielern weder respektiert, noch wertgeschätzt wird, dann wird es nahezu unmöglich sein, dauerhaft mit voller Motivation Höchstleistungen zu erbringen und eine absolute Siegermentalität auszuleben und zu verbreiten.

Was versteht man eigentlich unter Motivation und Mentalität?

16.2. Was versteht man unter Motivation?

Hierzu findet man:

> Die Bezeichnung Motivation ist auf das lateinische Verb movere (bewegen, antreiben) zurückzuführen und bezeichnet die Gesamtheit aller Motive (Beweggründe), die zur Handlungsbereitschaft führen, das heißt das auf emotionaler und neuronaler Aktivität beruhende Streben des Menschen nach Zielen oder wünschenswerten Zielobjekten.
>
> Motivation als zielgerichtetes Verhalten wurde zunächst genetisch, also durch angeborene Instinkte erklärt. Beispiele sind der Saug- oder Greifreflex eines Neugeborenen (Frühkindlicher Reflex). Im Laufe der Zeit wurden rund 6000 „Instinkte" zusammengetragen und hierarchisch gegliedert.
>
> Derartige Typologien allein können allerdings das Verhalten nicht erklären. Deswegen folgten Theorien, die auf dem Paradigma der Homöostase basieren und das Bedürfnis in den Vordergrund rückten (drive-reduction theories). Demnach entsteht Motivation durch das Bedürfnis, ein physiologisches Gleichgewicht wiederher-

zustellen. Beispiele sind Hunger, Durst und Fortpflanzung; das Verhalten wurde somit auf Bedürfnisbefriedigung zurückgeführt.

Motiviertes Verhalten existiert allerdings auch dann, wenn physiologische Bedürfnisse bereits befriedigt sind. Daher wurden Anreiz- oder Aktivierungstheorien entwickelt. Motivation resultiert ihnen zufolge aus dem Bestreben nach „optimaler Aktivierung" (von Emotionen). Diese sind wiederum definiert als psychophysische Reaktionen, die mit der Aktivierung zentralnervöser Systeme einhergehen. Beispiel: Fragt man einen Bergsteiger, was ihn dazu motiviert, einen (anstrengenden und gefährlichen) Gipfel zu erklimmen, dürfte seine Antwort lauten: „Einfach weil der Berg da ist". Dies ist zugleich ein Beispiel für gelernte Motive.

Eine (typische) Definition der Motivation lautet: „Indem Emotionen signalisieren, ob etwas gut oder schlecht, gefährlich oder harmlos ist, und mit welcher allgemeinen Klasse von Verhaltensweisen (z.B. Flucht, Verteidigung) darauf reagiert werden sollte, spielen sie eine zentrale Rolle bei der Motivation zielgerichteten Verhaltens ...

Während umstritten ist, ob die Wahrnehmung körperlicher Reaktionsmuster eine notwendige oder hinreichende Bedingung für das Vorliegen einer Emotion ist, herrscht allerdings weitgehend Einigkeit darüber, dass physiologische Erregung maßgeblich zu der spezifischen Erlebnisqualität beiträgt, die Emotionen von „kalten" Kognitionen unterscheidet."

Zur Begriffsdefinition der Emotion äußert sich auch Hermann Hobmair in seinem Werk ausführlich. Er beschäftigte sich mit der Begriffsverknüpfung von Emotion und Motivation und erlangte dadurch eine wichtige Erkenntnis. Hobmair setzt Emotionen und Motivation gleich, da er beide Faktoren als psychische Kräfte, also die Antriebsformen des Menschen, definiert. Er umschreibt diese Kräfte mit den Befindlichkeiten des Menschen, aber auch von dessen Aktivwerden. Emotionen definiert er als „seelische Befindlichkeiten, körperliche Zustände und Emotionen, die das Verhalten beeinflussen". Motivation sei „ein von Motiven gesteuerter Prozess des Angetriebenseins".

Hobmair betont, dass Emotion und Motivation eng miteinander verbunden sind und keine verschiedenen psychischen Prozesse darstellen, wie zuvor oftmals angenommen. Er zitiert in seinem Werk unter anderem aus Nolting/Paulus, 2002, S. 55: „Derselbe psychische Vorgang hat... sowohl eine Befindlichkeitsseite als auch eine Antriebs- bzw. Zielseite; und je nachdem, welche Seite man betonen will, spricht man von Emotion/ Gefühl bzw. von Motivation."

Schließlich wäre noch der Begriff Gefühl zu klären. Dieser bezeichnet die subjektiv wahrgenommene Seite einer Emotion. Beispielsweise kann sich jemand minderwertig fühlen, weil bei ihm die Emotion Angst ausgelöst wurde. Emotionen zeigen in der Regel an, ob Motive befriedigt oder frustriert wurden, und können als Gefühle unterschiedlich empfunden („gefühlt") werden.

Zusammenfassend kann man diese Begriffe wie folgt darstellen: Die Aktivierung (zentralnervöser Systeme) ist Voraussetzung jeglicher Handlungen. Kommen zu dieser inneren Erregung angenehme oder unangenehme Empfindungen hinzu, handelt es sich um eine Emotion („Ich fühle mich wohl oder unwohl").

Wird eine Emotion mit einer Zielorientierung verknüpft, handelt es sich um ein Motiv. Während es sich bei einem Motiv um eine überdauernde, latente Disposition (Handlungsbereitschaft) handelt, bezeichnet der Begriff Motivation den Prozess der Aktivierung (auch: Aktualisierung) eines Motivs. Diese Aktivierung oder Umsetzung von Motiven nennt man in der neueren Motivationsforschung auch Volition.[3]

16.3. Was versteht man unter Mentalität?

Hierzu findet man:

[3] https://de.wikipedia.org/wiki/Motivation

Mentalität (von lateinisch mens, den Geist betreffend) bezeichnet eine vorherrschende psychische Prädisposition im Sinne eines Denk- und Verhaltensmusters einer Person oder sozialen Gruppe (z.B. einer Bevölkerungs- oder Berufsgruppe) und wird auch auf gesamte Nationen bezogen. Kulturwissenschaftler versuchen die Mentalität durch sogenannte „Kulturstandards" beschreibbar zu machen. Deren Seriosität ist jedoch umstritten, da sie zu Stereotypen führen können.

Theodor Geiger bezeichnet Mentalität als „subjektive Ideologie". Er nimmt an, dass die Menschen auf Grund ihrer Schichtzugehörigkeit und den damit verbundenen Lebensverhältnissen eine bestimmte Mentalität entwickeln. Schicht ist für Geiger die Verknüpfung einer sozialen Lage mit einer spezifischen Mentalität, welche sich in der Lebensführung (Lebensduktus) widerspiegelt. Aber nicht alle Menschen einer Schicht entwickeln dieselbe Mentalität.

Die Annahme von kollektiven Dispositionen, die das Verhalten und Denken von Personen bestimmen, stößt auch auf Kritik. Für den Historiker Stefan Haas ist Mentalität ein „schillernder Begriff", der zur Bezeichnung kollektiver Bewusstseinszustände verwendet wird. Mentalitäten sind formloser als z. B. politische Ideologien und daher schwer zu bestimmen und abzugrenzen.

> Der Begriff der Mentalität kann negativ konnotiert sein im Sinne von Klischee, Vorurteil oder Stereotyp. Andererseits kann eine Mentalität als Grundlage für Verhaltensnormen in einer gesellschaftlichen Gruppierung bewusst akzeptiert werden.[4]

Spannend hierbei ist, dass der Begriff Mentalität soziologisch anders definiert wird, als ihn die meisten Menschen umgangssprachlich "verstehen". Insbesondere im Sportbereich wird häufig Mentalität mit dem unbedingten Willen, etwas erreichen zu wollen, auch wenn Schwierigkeiten und Niederlagen dem entgegenstehen, gleichgesetzt. Man spricht z.B. gerne von Mentalitätsmonstern, wenn ein Spieler auch in schwierigsten demotivierenden Situationen vorangehen und einen unbedingten Siegeswillen ausstrahlen. Wie schon in einem früheren Kapitel dargestellt, werden von mir hierzu z.B. Matthias Sammer und Oliver Kahn gezählt. Spontan fallen mir im Bereich Fußball auch Lothar Matthäus, Stefan Effenberg, Sebastian Kehl, Mats Hummels oder Bastian Schweinsteiger (Weltmeisterschaft 2014) ein, die jeder für sich eine Mannschaft geführt und zu Höchstleistungen angespornt haben.

16.4. Kann man Mentalität lernen?

Dieses "Unbedingt gewinnen wollen", das "Kämpfen bis zum Umfallen", das "Vorangehen und die Mannschaft zu Höchstleistungen antreiben" kann man nur schwierig "erlernen".

---

[4] https://de.wikipedia.org/wiki/Mentalit%C3%A4t

Diese "Mentalität" ist im Unterbewussten verankert. Es ist zwar möglich, ein solches Verhalten kurzfristig zu zeigen, z.B. in einer außergewöhnlichen Situation, aber ein dauerhaftes Vorleben einer derartigen Einstellung ist nach meiner Erfahrung nur überzeugend umsetzbar, wenn dies im Unterbewussten manifestiert ist.

Ganz im Gegenteil tut man einem Spieler keinen Gefallen damit, ihn zum Kapitän eines Teams zu machen, wenn er in seinem Naturell kein "Anführer" und "Mitreißer" ist. Er wird diese Rolle zwar mal kurzfristig "spielen" können, aber letztendlich genau wissen, dass er nur ein "Schauspieler" ist, der Erwartungen erfüllen soll, die er unterbewusst nicht "fühlt". Er wird, dessen bin ich mir sicher, sein eigentliches Leistungsvermögen nicht mehr abrufen können, sondern sein Selbst hinterfragen und in seiner Tätigkeit, z.B. im Sport, verkrampfen. Mir fallen hierzu natürlich auch Namen ein, die ich aber nicht benennen möchte.

Es ist jedoch im Grunde genommen sehr einfach, die "Anführer" in einem Unternehmen, einer Abteilung oder einer Mannschaft zu selektieren, die die "gewünschte Mentalität" vorleben. Das sind übrigens beileibe nicht immer die "Lautsprecher". Solche unterbewussten Hierarchien ergeben sich nahezu von alleine. In meiner Tätigkeit als "Der Counselor" führen Beobachtungen und Gespräche praktisch immer zum Ziel, den Mitarbeiter oder Mitspieler herauszufinden, der geeignet ist, eine "mentale Führungsfunktion" auszufüllen.

17. Eigenmotivation und Fokussierung

17.1. Sind Sie motiviert?

Ich komme nochmal auf die bereits gestellten "3 zentralen Fragen" zurück:

1.) Was ist Ihre Motivation? Was ist Ihr "Warum"?

2.) Was wollen Sie wirklich-wirklich-wirklich?

3.) Was sind Ihre Bestimmung und Ihre Lebensaufgabe?

Die Frage, ob Sie motiviert sind, lässt sich sehr leicht beantworten. Wenn Sie das tun, was der Beantwortung dieser drei

Fragen entspricht, werden Sie extrem motiviert sein, und zwar von innen, aus sich selbst heraus, genannt intrinsisch. Es wird nicht nötig sein, Sie morgens um 3 Uhr aufzuwecken, wenn Sie z.B. unbedingt Bäcker oder sein möchten. Es wird nicht nötig sein, Sie auf den Trainingsplatz zu scheuchen, wenn Sie unbedingt ein Sportprofi werden möchten. Es wird nicht nötig sein, Ihnen ein Chemiebuch in die Hand zu drücken, wenn Sie unbedingt wissen möchten, wie Alkalimetalle mit Wasser reagieren.

Ihre Eigenmotivation wird immer groß und stark sein, wenn Sie das tun, was Ihrem wirklichen Wunsch entspricht, und wenn Sie es so umsetzen dürfen, wie Sie es möchten und für richtig halten. Erst wenn man Ihnen entgegen Ihrer Vorstellung "vorschreibt", wie Sie zu backen oder zu fischen haben, wie Sie zu trainieren oder welche Bücher Sie zu lesen haben, wird Ihre (intrinsische) Eigenmotivation beschnitten.

Ein guter Lehrer, Ausbilder, Trainer oder Coach versucht somit als erstes herauszufinden, was der Schüler, Lehrling, Sportler oder allgemein Mensch wirklich-wirklich-wirklich will, um dann eine gemeinsam abgestimmte Vorgehensweise festzulegen und anzugehen.

Um die eigene Selbstmotivation selbst wieder anzuheben, falls man in einem Motivationsloch steckt, empfehle ich meine Relevanzpyramide, die ich Ihnen meinen vorangegangenen Büchern detailliert erläutert habe. In einem Personal Coaching gehört dies zu meinen ersten Amtshandlungen, um das Wichtige und das Unwichtige vor Augen zu führen und eine Fokussierung zu erleichtern.

17.2. Die Relevanz-Pyramide

Nachdem ich dieses Konzept bereits ausführlich erklärt habe, erläutere ich es im Folgenden in Kurzform.

Es werden mindestens 100 kleine Zettel genommen. Auf jeden Zettel wird ein persönlicher Wunsch notiert, z.B.

- Ich will gesund sein.
- Ich will reich sein.
- Ich will sportlichen Erfolg haben.
- Ich will glücklich verheiratet sein.
- Ich will gesunde Kinder haben.
- Ich will einen Porsche fahren
- usw.

Diese Auflistung von Wünschen kann mehrere Tage dauern, weil immer wieder neue Gedanken kommen, die man vielleicht als Wunsch nur zurückgestellt oder sogar für "nicht verdient" angesehen hat.

Sobald man meint, dass die Liste komplett ist, legt man jeweils zwei Wünsche nebeneinander und bewertet die Relevanz. Der wichtigere Wunsch wird nach oben gelegt, der unwichtigere nach unten. Dadurch ergibt sich sukzessive eine

Relevanz-Pyramide, denn es wird letztendlich sehr viele unwichtige Wünsche geben und nur wenige wirklich wichtige Wünsche.

Sobald man weiß, was einem wirklich-wirklich-wirklich wichtig ist, kann man sich darauf fokussieren.

17.3. Fokussierung

Wie viele Ziele können Sie mit dem Auto, dem Schiff oder dem Flugzeug gleichzeitig erreichen? Können Sie z.B. von Frankfurt aus mit dem Auto gleichzeitig nach München und nach Hamburg fahren? Können Sie mit dem Schiff von Southampton aus gleichzeitig nach New York und nach Kapstadt gebracht werden? Können Sie mit dem Flugzeug von Berlin aus gleichzeitig nach Moskau und nach Madrid fliegen?

Warum wiederhole ich diese banalen Fragen? Ich will Sie keinesfalls ärgern, sondern nur den Blick darauf richten, dass es sinnvoll ist, ein Ziel zu haben, und zwar genau eins.

Wenn Sie sich auf genau ein Ziel fokussieren, das Ihnen wirklich-wirklich-wirklich wichtig ist, ist die Wahrscheinlichkeit, dass Sie dieses Ziel erreichen, sehr viel größer, als wenn Sie tausend kleine Ziele haben, die immer wieder zu Kreuzungen, Umwegen und Sackgassen führen und Ihre Kraft und Energie aufsplitten.

Wenn Sie als z.B. ein Fußball-Profi sein und dort Ihren maximalen Erfolg erreichen möchten, dann ist es sehr empfehlenswert, Tag für Tag konzentriert zu trainieren, immer und immer wieder, anstatt parallel noch viele andere ablenkende Dinge zu tun, die den Fokus unscharf werden lassen.

Ein Paradebeispiel für einen Musterprofi ist für mich Christiano Ronaldo. Er hat während seiner ganzen Karriere hochmotiviert trainiert, er war der erste morgens beim Trainingsbeginn und der letzte, der den Trainingsplatz verlassen hat. Christiano Ronaldo war extrem eigenmotiviert und fokussiert. Der Erfolg ist keine Überraschung.

In meinen Personal Coachings gehört es zu den ersten Aufgaben, die zu Beginn des Kapitels aufgeführten Fragen zu klären und die Relevanz-Pyramide mit Leben zu erfüllen. Erst wenn die gecoachte Person und ich wissen, was wirklich-wirklich-wirklich wichtig und das eigentliche "Warum" ist, kann das Ziel anvisiert werden und der Fokus justiert werden.

Ich gehe davon aus, dass mein Wirken u.a. deshalb so erfolgreich ist, weil nicht "blindlings" gecoacht und motiviert wird, sondern absolut zielgerichtet und punktgenau. Dies unterstützt von subliminalen Verstärkern, darauf komme ich in einem Folgekapitel zu sprechen.

18. Teambuilding und Teamspirit

18.1. Was versteht man unter Teambuilding?

Als Teambildung oder Teamentwicklung werden innerhalb der Personalentwicklung und des Sports die Phasen und Strukturen der Zusammensetzung von kleinen Gruppen bezeichnet, die unmittelbar miteinander in Kontakt treten um in arbeitsteiliger Verantwortung ein Ziel zu erreichen.

Teamarbeit soll nicht dem Zufall überlassen werden; aus diesem Grund hat die Teamentwicklung unter anderem das Ziel, ein positives Arbeitsklima zu schaffen und eine vertrauensvolle Zusammenarbeit zu gewährleisten.

Teambildung/-entwicklung kann dabei zum einen ein Prozess sein, den Arbeitsgruppen und Teams im Verlauf ihres Bestehens automatisch phasenweise durchlaufen, zum anderen auch ein aktiver, gesteuerter Prozess, der der Verbesserung der Zusammenarbeit von Mitarbeitern, insbesondere bei zeitlich befristeten Projekten dient.

Es sollen Kooperationsbereitschaft und Teamgeist gefördert werden, um die Arbeitseffizienz des Teams zu steigern. Dabei ist zu beachten, dass nicht nur die effiziente Zusammenarbeit innerhalb des Teams gewährleistet ist, sondern auch die Zusammenarbeit zwischen dem Team und dem Vorgesetzten. Zudem sollen Unzufriedenheiten in den Teams beseitigt werden.

Teamentwicklungsmaßnahmen bestehen zumeist aus der Analyse der aktuellen Ist-Situation und deren Aufarbeitung (Was läuft schlecht und warum? Was muss verbessert werden? etc.) und Gruppenübungen zur Verdeutlichung der Mechanismen und Dynamik von Teams.

Oft werden dabei nicht nur Kompetenzen einzelner Teammitglieder oder der ganzen Gruppe (z.B. Kommunikation) optimiert, sondern auch Strukturen der Zusammenarbeit neu geordnet. Als Methoden kommen dabei neben Training und Coaching moderierte Workshops, Feedback-Techniken oder Outdoor-Training zum Einsatz.[5]

Ich halte Teambuilding-Maßnahmen für sinnvoll und zielführend. Allerdings greifen die Maßnahmen, die ich bisher kennenlernen durfte, nach meiner Einschätzung oftmals nur an der Oberfläche. Natürlich wird ein Zusammengehörigkeitsgefühl gefördert, wenn man einen Wildwasser-Kanal hinabfährt oder viele andere Dinge unternimmt, die der Teambildung förderlich sind. Für mich geht das aber noch nicht weit genug.

18.2. Phasenmodell nach Bruce Tuckman

Bruce Tuckman, ein US-amerikanischer Psychologe, entwickelte 1965 ein Phasenmodell für die Teamentwicklung. Das Modell von Tuckman beschreibt vier aufeinander folgende Entwicklungsschritte für Gruppen (Forming, Storming, Norming, und Performing). Im Jahr 1977 wurde das Modell um eine fünfte Phase (Adjourning) ergänzt.

- Forming – die Einstiegs- und Findungsphase (Kontakt)

Die erste Phase ist durch Unsicherheit und Verwirrung gekennzeichnet. Es geht zunächst darum, dass die Teammitglieder sich miteinander bekannt machen

[5] https://de.wikipedia.org/wiki/Teambildung

und ihre Zugehörigkeit zur Gruppe absichern. Erste Ziele und Regeln werden definiert und die Gruppe wendet sich langsam der Aufgabe zu, doch die Beziehungen der Teammitglieder untereinander sind noch unklar.

- Storming – die Auseinandersetzungs- und Streitphase (Konflikt)

In der zweiten Phase, dem Storming, kommt es häufig zu Unstimmigkeiten über Prioritätensetzungen wenn die Teammitglieder verschiedene Ziele verfolgen. Es kommt zu Machtkämpfen um die Führungsrolle und den Status in der Gruppe, dadurch entstehen Spannungen zwischen den Teammitgliedern. Die Beziehungen sind eher konfliktbeladen im schlimmsten Fall sogar feindselig, doch es erfolgen erste Abstimmungen über die Arbeitsorganisation. In dieser Phase ist die Leistung der Gruppe eher gering.

- Norming – die Regelungs- und Übereinkommensphase (Kontrakt)

In der Phase des Norming werden Normen und Regeln diskutiert oder durch stillschweigende Übereinkunft gefunden und eingehalten. Die Teammitglieder haben ihre Rollen gefunden und es wird verstärkt kooperiert. Die Beziehungen sind harmonischer, die gegenseitige Akzeptanz steigt und das Team wendet sich verstärkt seiner Aufgabe zu.

- Performing – die Arbeits- und Leistungsphase (Kooperation)

In der Phase Performing pendelt sich die Leistung der Teammitglieder auf einer gleichbleibenden Ebene ein. Das Team handelt geschlossen und orientiert sich an dem gemeinsamen Ziel. Es herrscht eine Atmosphäre von Anerkennung, Akzeptanz und Wertschätzung. Die Teammitglieder arbeiten erfolgreich zusammen. Rollen können durchaus flexibel zwischen Personen wechseln. Das Team geht offen miteinander um, kooperiert und hilft sich gegenseitig. Aus diesem Grund läuft die Aufgabenbearbeitung erfolgreich.

- Adjourning – die Auflösungsphase

Die fünfte Phase, Adjourning, wurde durch Tuckman im Jahr 1977 in das Phasenmodell ergänzt. Nicht für alle Teams ist die fünfte Phase relevant. Die Phase des Adjourning bezieht sich auf die Gruppen, die längerfristig zusammenarbeiten, doch nach Abschluss ihres Auftrags getrennte Wege gehen. Zum Beispiel Mitglieder eines Projektteams, die nach Abschluss eines Projekts in ein anderes Projektteam wechseln oder sich wieder um ihre Aufgaben aus dem Tagesgeschäft kümmern, sind von der Adjourning-Phase betroffen. Teammitglieder sind häufig traurig über das bevorstehende Ende und machen sich Sorgen über die Zeit nach der Arbeit im Team. Organisationen ist zu empfehlen eine abschließende Dokumentation über die Arbeit des Teams zu erstellen, die den anderen Mitarbeitern auch noch zu einem späteren Zeitpunkt hilft, mögliche Fehler zu finden und zu beheben oder erfolgreiche Prozesse auf andere Aufgaben zu transferieren.

Zu beachten ist, dass die einzelnen Phasen auch wiederholt durchgemacht werden können, wenn ein neues Teammitglied in ein bestehendes Team eintritt oder sich eine Änderung der Aufgabenstellung ergibt. Durch die Teilnahme an einem Team haben die Teammitglieder das Gefühl, etwas Größeres zu leisten und dazuzugehören. Durch dieses Gefühl steigern sich das Selbstwertgefühl und die Motivation der Mitglieder, was sich wiederum positiv auf die Arbeit auswirkt. Von einem gut funktionierenden Team kann erst dann gesprochen werden, wenn die Gemeinschaftsleistung die Summe der Einzelleistungen übersteigt.[6]

18.3. "Der Counselor"-Teamspirit

Das Phasenmodell von Bruce Tuckman hat seine Berechtigung, es vereinfacht mir den Ablauf allerdings zu sehr. Zum einen sind je nach Teilnehmer die Phasen unterschiedlich ausgeprägt, zum anderen ist ein solch schematischer Ablauf nicht zu erwarten.

Dazu kommt, dass Teambuilding-Maßnahmen nach meiner Einschätzung einen sehr wesentlichen Teil, für mich der wichtigste Punkt, zumindest vernachlässigen, nämlich die im

[6] https://de.wikipedia.org/wiki/Teambildung

Unterbewussten verankerten Erfahrungen, Wünsche, Vorstellungen, Erwartungen und Ziele.

Wie kann man erwarten, dass z.B. ein Wildwasser-Abenteuer von allen Teilnehmer gleich empfunden wird und zum gleichen gemeinsamen Gefühl von Teamgeist führt? Der eine Teilnehmer kann panische Angst vor Wasser haben, der andere Teilnehmer langweilt sich zu Tode, weil er so etwas z.B. schon vielfach durchlebt hat. Dazu haben diese Erfahrungen wenig mit dem eigentlichen gemeinsamen Ziel zu tun.

Nun wird argumentiert, dass gerade auf Grund der unterschiedlichen Hintergründe und Empfindungen ein Teamspirit entstehen kann. Dies ist möglich, es kann aber genauso gut das Gegenteil eintreten, nämlich, dass ein Teilnehmer völlig entnervt ist und nur noch nach Hause möchte.

Meine Vorgehensweise unterscheidet sich davon erheblich, ist allerdings auch sehr viel aufwändiger. Es geht mir, um einen echten Teamspirit zu erreichen, nicht darum, die Teilnehmer eines Unternehmens, einer Abteilung oder einer Mannschaft in eine gefährliche oder aufregende Situation zu führen, die z.T. als spannend, z.T. als herausfordernd, z.T. als gefährlich, z.T. als belastend und z.T. als überfordernd empfunden werden kann, sondern darum, ein gegenseitiges "erkennen", "verstehen", "respektieren" und "wertschätzen" zu erreichen.

Wenn der Abteilungsleiter seine Mitarbeiterin als Menschen nachdrücklich respektiert und wertschätzt, wird er sehr viel eher bereit sein, alles zu ihrer Unterstützung zu unternehmen und z.B. gegen Mobbing vorzugehen. Wenn ein Spieler einen anderen Mitspieler in seiner Ganzheit als Menschen höchstmöglich respektiert und wertschätzt, wird er sich sehr viel eher mit aller Kraft dafür einsetzen, für ihn mitzukämpfen und dessen Fehler auszubügeln, anstatt ihn anzumeckern oder sogar öffentlich zu kritisieren.

Um dies gemäß "Der Counselor"-Vorgehensweise erreichen zu können, ist es notwendig, jeden Menschen einzeln kennenzulernen, also seine Vorstellungen, seine Wünsche, seine Probleme, seine Baustellen, seine Herausforderungen und seine Ziele. Wenn jeder andere weiß, dass jeder Beteiligte "auch Probleme" hat und jedem die Chance gegeben wird, sich gegenseitig als wertvollen Menschen zu erkennen und anzuerkennen, um sich wechselseitig zu respektieren und wertzuschätzen, ist ein echter Teamspirit in einem Unternehmen, in einer Abteilung oder in einer Mannschaft erreichbar.

Das Ergebnis eines solchen echten Teamspirits ist, dass ein Unternehmen, eine Abteilung oder eine Mannschaft zusammenhält und sich gegenseitig motiviert. in solch einem positiven Miteinander machen nicht nur das Arbeiten und der Sport sehr viel mehr Spaß, sondern es entwickelt sich eine Aufwärtsspirale.

- Teamspirit =>
- gutes Gefühl =>

- positives Umgangsklima =>
- mehr Spaß =>
- mehr Erfolg =>
- noch mehr Teamspirit =>
- usw.

Glauben Sie mir, es lohnt sich, einen echten Teamgeist und ein positives Miteinander anzustreben, auch wenn der Anfangsaufwand groß erscheinen mag.

19. Positive Psychologie

19.1. Was ist "Positive Psychologie"?

Da dieser Begriff für die "Der Counselor"-Vorgehensweise wichtig ist, möchte ich ihn nochmal erläutern, obwohl er in meinen vorherigen Büchern schon mal vorgekommen ist:

> Der Begriff Positive Psychologie wurde 1954 von dem US-amerikanischen Psychologen Abraham Maslow eingeführt und in den 1990er Jahren von dem US-amerikanischen Psychologen Martin Seligman wieder auf-

gegriffen. Im Gegensatz zur traditionellen defizitorientierten Psychologie befasst sich die Positive Psychologie mit den positiven Aspekten des Menschseins, so werden etwa Glück, Optimismus, Geborgenheit, Vertrauen, individuelle Stärken, Verzeihen (Vergebung) oder auch Solidarität behandelt. Inzwischen benennt der Begriff eine Strömung (möglicherweise eine Schule) innerhalb der Psychologie.

Die Positive Psychologie verlässt nach ihrem eigenen Anspruch den bisherigen Forschungsschwerpunkt der defizitären Aspekte und wendet sich der Erforschung dessen zu, was den Menschen allgemein stärkt, das Wohlbefinden steigert und das Leben lebenswerter macht. Sie beschäftigt sich unter anderem mit den Bereichen der positiven Emotionen, des positiven Charakters und positiver Strukturen.

Die Positive Psychologie knüpft mit ihrer Sichtweise an Ideen der Humanistischen Psychologie an. Viele ihrer Aspekte sind bereits in der ressourcenorientierten Psychotherapie zu finden. Der Blick auf die positiven Seiten der menschlichen Existenz ist in der Geschichte der wissenschaftlichen Psychologie nicht neu, jedoch das Bemühen um wissenschaftliche Fundierung auf breiter Basis.

Seit der Begründung der Positiven Psychologie macht sich auch die Unternehmenspraxis deren Erkenntnisse zunutze, beispielsweise in Form des Positive

> Leadership-Konzepts im angelsächsischen Raum. Erziehung und Bildung sind weitere Anwendungsbereiche, in denen die Positive Psychologie zunehmend an Bedeutung gewinnt.[7]

Mit "Positiver Psychologie" ist übrigens nicht - wie oftmals fälschlich angenommen wird - gemeint, alles positiv zu sehen.

19.2. Ursprung der "Positiven Psychologie"

Als Präsident der APA machte es sich Martin Seligman zur Aufgabe, den Blick neu auszurichten und positive Gefühle zu nutzen. Er wollte nicht mehr, dass es darum geht, das Wohlbefinden eines Menschen auf einer Skala von -10 bis +10 von -8 auf -2 zu verbessern, sondern er wollte das Wohlbefinden von +2 auf +5 anheben.

Seligman stellte fest, dass Optimismus lernbar ist. Auf diese Idee kam er, als er mit seiner fünfjährigen Tochter Nikki im Garten Unkraut jätete. Da sie, anstatt brav das Unkraut zu entfernen, lieber im Garten herumtanzte, schimpfte Seligman mit ihr. Nikki fragte, ob ihr Vater sich noch an die Zeit vor ihren fünften Geburtstag erinnere. Damals habe sie oft geweint. An ihrem fünften Geburtstag beschloss sie, ab sofort nicht mehr zu weinen. Sie meinte, wenn sie mit dem Weinen aufhören konnte, so konnte ihr Vater auch aufhören, mit ihr zu meckern.

---

[7] https://de.wikipedia.org/wiki/Positive_Psychologie

Dieses Ereignis öffnete Seligman die Augen, und er erkannte, dass es nicht seine Aufgabe ist, die Schwächen seiner Tochter zu beheben, denn das tat sie selbst, sondern ihre Stärken zu fördern. Dies übertrug Seligman auf die positive Psychologie.

19.3. Die Fragestellungen der "Positiven Psychologie"

Die "Positive Psychologie" beschäftigt sich u.a. mit den Fragen:

- Was macht das Leben lebenswert?
- Was lässt Menschen "aufleben"?
- Wie gelingen gute Beziehungen?
- Wie finden Menschen Lebensfreude und Sinn im Leben?

Und hierzu gehören die drei Kernfragen aus dem Kapitel "Motivation und das Unterbewusste". Sie erinnern sich?

1) Was ist Ihre Motivation? Was ist Ihr "Warum"?

2) Was wollen Sie wirklich-wirklich-wirklich?

3) Was sind Ihre Bestimmung und Ihr Lebensaufgabe?

Erkennen Sie, warum es für jeden Menschen so wichtig ist, das tatsächliche "Warum" und die wirklich-wirklich-wirklich wichtigen Lebensziele zu erkennen und zu leben?

19.4. Nutzen Sie Ihre Charakterstärken

Was sind Charakterstärken? Dazu legten die Psychologen fest, dass eine Charakterstärke erstens in allen Kulturen geschätzt sein muss, zweitens an und für sich und nicht nur als Mittel zu anderen Zwecken geschätzt sein muss und zuletzt formbar sein muss. Christopher Peterson und Martin Seligman unterscheiden sechs Tugenden, denen insgesamt 24 Charakterstärken zugeordnet sind:

➢ Weisheit und Wissen (kognitive Stärken):

- Kreativität
- Neugier
- Aufgeschlossenheit
- Lernfreude
- Perspektive

➢ Courage (emotionale Stärken)

- Tapferkeit
- Beharrlichkeit
- Integrität
- Vitalität

- Menschlichkeit (interpersonale Stärken)

  - Liebe
  - Freundlichkeit
  - soziale Intelligenz

- Gerechtigkeit (zivile Stärken):

  - soziale Verantwortung
  - Fairness
  - Führungsstärke

- Mäßigung (Stärken, die gegen Exzesse schützen):

  - Vergeben / Mitleid
  - Demut / Bescheidenheit
  - Besonnenheit
  - Selbstregulation

- Transzendenz (spirituelle Stärken, die mit Bedeutsamkeit zu tun haben):

  - Wertschätzung von Schönheit und Exzellenz
  - Dankbarkeit
  - Hoffnung
  - Humor
  - Spiritualität

Wenn man herausfinden möchte, was die eigenen Charakterstärken sind, empfehle ich den „Values in Action"-Test.

Dieser wird von der Universität Zürich zu Forschungszwecken kostenfrei auf der Webseite charakterstaerken.org zur Verfügung gestellt.

Die Positive Psychologie fand heraus, dass man sein Wohlbefinden und das eigene Glücksgefühl steigern kann, wenn man seine Charakterstärken einsetzt und nutzt. Hierbei ist es wichtig, dass man nicht zu über- oder unterfordert ist, sondern sich die Anforderung und die Stärke auf dem gleichen Level befinden. Wenn dies zutrifft, tritt ein Glücksgefühl auf, das sich sogar zu einem Flow (Zustand, in dem man in seiner Beschäftigung aufgeht und Zeit und Umgebung "vergisst") entwickeln kann, beispielsweise beim Sport oder bei der Meditation. Letztendlich kann ein solcher Flow-Zustand immer dann auftreten, wenn man genau das tut, was man wirklich-wirklich-wirklich will. Dann scheint irgendwie alles wie von selbst zu gehen. Kennen Sie das?

Darüber hinaus postulierte die Positive Psychologie, dass dieses Glücksgefühl gesund und sogar heilsam ist. Glückliche Menschen leben länger und bekommen seltener psychische oder psychosomatische Krankheiten. Das Glücksgefühl dient quasi als vorbeugender Schutz, man entwickelt eine Resilienz.

Aber auch das Leben selbst wird lebenswerter und schöner. Die meisten Menschen sehen einen Sinn in ihrem Leben, wenn sie einer Tätigkeit nachgehen, die sie erfüllt, also z.B. ihr "Warum" befriedigt. Dadurch, dass man seine Stärken kennt, kann man sie so nutzbar machen, dass man seine Glücksgefühle vergrößert.

Wie immer, ist es aber der erste Schritt, überhaupt erst einmal seine Charakterstärken zu kennen, genauso wie das eigene "Warum" und die wichtigen Wünsche und Ziele gemäß Relevanz-Pyramide. Darum gehören diese Punkte immer zur "Der Counselor"-Vorgehensweise, egal ob es um ein Personal Coaching oder einen Teamspirit für eine Abteilung oder eine Mannschaft oder das Erreichen einer maximalen Leistungsfähigkeit zum maximalen Erfolg eines Menschen oder eines Teams geht.

20. Angst und Druck

20.1. Was ist Angst überhaupt?

Angst ist der Oberbegriff für eine Vielzahl von Gefühlsregungen, deren Gemeinsamkeit auf einer Verunsicherung des Gefühlslebens beruht. Der Psychoanalytiker Fritz Riemann unterscheidet in seinem verbreiteten Hauptwerk zur Angst zwischen dem „schizoiden", dem „depressiven", dem „zwanghaften" und dem „hysterischen" Persönlichkeitstypus. Als damit verbundene „Grundängste" des Menschen beschreibt er die „Angst vor Veränderung", die „Angst vor der Endgültigkeit", die „Angst vor Nähe" und die „Angst vor Selbstwerdung".

Obwohl als idealtypische Abstraktionen gedacht, haftet dieser Angstdeutung in der Tradition der Psychoanalyse bereits begrifflich unverkennbar eine Tendenz zum Krankhaften und damit zur Einseitigkeit an, die heute kritisch gesehen wird.

Die Erscheinungsformen der Angst reichen nach dem von dem Experimentalpsychologen Siegbert A. Warwitz aufgestellten Angst-Spektrum von einfachen „Unsicherheiten" (Beklommenheit, Scheu, Zaghaftigkeit ...) über die „Zwänge" (Esszwang, Kontrollzwang, Reinigungszwang etc.), die „Furchtformen" (Verletzungsfurcht, Versagensfurcht, Berührungsfurcht etc.), die „Phobien" (Akrophobie, Agoraphobie, Klaustrophobie ...), die „Paniken" (Angstanfall, Schockstarre, Katastrophenlähmung etc.) bis zu den „Psychosen" (Neurotische Ängste, Verfolgungswahn, Lebensangst ...).

Dabei unterscheidet in der Regel nur der Fachpsychologe aus diagnostischen und therapeutischen Gründen differenzierter etwa zwischen Ängsten und Fürchten, beispielsweise zwischen einer diffusen allgemeinen Prüfungs-Angst und einer auf einen bestimmten Prüfer, ein fixierbares Fachgebiet oder eine definierbare Situation reduzierbare Prüfungs-Furcht.

Angst wird im nichtfachlichen Bereich auch häufig mit andersartigen Gefühlsregungen verwechselt oder vermischt, etwa mit der Scham (Wahrung des Intimbereichs), mit dem Misstrauen (Zweifel an einer ärztlichen Kompetenz) oder mit einer hochgradigen psychischen

Anspannung bei der Bewältigung einer gefahrenträchtigen Situation (Wagniskonzentration).

Angst lässt sich nicht grundsätzlich als unangenehme, negative Gefühlsregung festlegen. Wesentlich abhängig vom Grad der individuellen Risikoerfahrung und der persönlichen Kompetenzeinschätzung, kann Angst auch als in hohem Maße lustvolle Erfahrung gesucht und erlebt werden, etwa in Form des Thrills. Die Kontrasterfahrung von aufregender Gefahrensituation und deren Bewältigung führt zu einer gewünschten Steigerung des Lebensgefühls. Der sogenannte Kick kann dabei als (erwarteter) Wendepunkt zwischen der Anspannung und Befreiung aus der Angstphase gesehen werden.

Als Steuerungsinstrumente gefahrenträchtigen Verhaltens und Warnimpulsgeber stellen die beherrschten nicht krankhaften Angstformen eine unverzichtbare Grundausstattung im Rahmen des funktionierenden Selbsterhaltungstriebs dar.

Ein Sonderphänomen im Angstkomplex stellt die sogenannte „Angst vor der Angst" (Phobophobie), auch Angstsensitivität genannt, dar, eine objektlose Angst vor den eigenen Angstsymptomen.[8]

[8] https://de.wikipedia.org/wiki/Angst

20.2. Jeder kennt sie - die Angst

Wenn man bei Google den Begriff "Angst" eingibt, werden rund 100 Millionen Treffer in Aussicht gestellt. Zum Vergleich: Bei dem Begriff "Vertrauen" sind es nur etwa halb so viele Treffer.

Jeder Mensch kennt das Gefühl, Angst oder Druck zu verspüren. Es gibt Menschen, die unter Angst und Druck zu Höchstleistungen fähig sind, im Normalfall ist Angst jedoch eher dazu geeignet, geradezu lähmend auf Körper, Geist und Psyche zu wirken.

Das Gegenteil von Angst ist nicht Mut, wie viele glauben, denn Mut beweisen kann man nur in Verbindung mit Angst. Das Gegenteil von Angst ist stattdessen Vertrauen. Wenn man ein 100%-iges Vertrauen verspürt, kann man keine Angst haben, sondern man ruht im Vertrauen, dass alles gut wird.

Können Sie Ihre maximale Leistung abrufen, wenn Sie Angst haben? Ich nicht. Ganz im Gegenteil verkrampfe ich, bin unsicher und kann nicht das leisten, was ich mit dem Gefühl des Vertrauens leisten könnte.

Wenn aber jeder Mensch weiß, wovon ich spreche, wenn man weiß, dass Vertrauen ein wichtiger Erfolgsfaktor ist und Angst demotivierend und leistungsmindernd wirkt, warum wird dann egal ob in Unternehmen, im Sport oder in der Gesellschaft so viel Angst geschürt?

Die Antwort ist einfach. Mit Angst kann man Menschen lenken und steuern. Mit Angst bringt man Menschen dazu, Dinge zu tun, die sie eigentlich ablehnen. Mit Angst kann man dafür sorgen, dass niemand "aufmuckt" und das tut, was ihm "vorgesetzt" wird.

Schauen Sie sich an, was Sie in Zeitungen lesen, im Radio hören und im Fernsehen sehen. In allen Nachrichten erfahren Sie von politischen Krisen, Kriegsgefahr, Unglücken, Gesundheitsrisiken u.v.m. Das gleiche setzt sich fort in Kriegs- oder Actionfilmen, sogar in Kinderprogrammen. Wenn man tagtäglich mit Gefahren und Risiken konfrontiert wird, ist es nicht verwunderlich, dass man für den Begriff "Angst" 100 Millionen Treffer bei Google findet.

20.3. Mit Druck zur Angst

Wenn man jemandem, z.B. einem Mitarbeiter, Druck macht, erreicht man nichts anderes, als einen Angstreflex zu aktivieren. Druck aufzubauen heißt, in Aussicht zu stellen, dass ein nicht gewünschtes Verhalten negative Konsequenzen haben kann.

Mittel, um mit Druck Angst zu erzeugen, um Menschen zu "führen" bzw. zu einem veränderten Agieren zu "zwingen", sind zwar eventuell kurzfristig hilfreich, weil man ein zeitnahes Ziel erreicht, aber langfristig völlig contraproduktiv, da die Menschen sich gegen eine solche Behandlung auflehnen oder auch zerbrechen. Stichwort Burnout.

20.4. Die Alternative zu Angst und Druck

In meinen Augen ist es in jedem Fall sowohl kurzfristig, als auch langfristig viel sinnvoller, Menschen mit Vertrauen und Begeisterung zu Höchstleistungen zu motivieren.

Nicht die Angst vor einer Niederlage, treibt Spieler an ihr Maximum, sondern die Lust aufs Gewinnen. Dies gilt gleichermaßen für Mitarbeiter in einem Unternehmen.

Um eine solche Philosophie in einem Verein oder in einem Unternehmen zu etablieren und zu leben, gibt es viele Ansatzpunkte und Hilfsmittel, die ich z.T. hierfür entwickelt habe. Dies fängt ganz oben bei der Darstellung des Vereins oder des Unternehmens durch die Geschäftsleitung an, beinhaltet das Formulieren gemeinsamer Ziele, vielleicht sogar einer Vision und nutzt eine Reihe von z.T. offensichtlichen, z.T. aber auch von subliminalen Techniken zur Schaffung von Vertrauen und Begeisterung.

Warum diese Schritte (Ziele - Visionen - Begeisterung) in meinen Augen wichtig sind, erläutere ich im nächsten Kapitel.

21. Ziele - Visionen - Begeisterung

21.1. Warum eigentlich?

Sind Ziele wichtig? Ist eine Vision sinnvoll und zielführend? Welchen Vorteil kann es haben, jemanden für eine Idee oder einen gemeinsamen Weg zu begeistern?

Es klingt banal, aber man kann ein Ziel nur dann erreichen, wenn man es kennt. Dies gilt gleichermaßen für Fußgänger, Autofahrer oder ganz grundsätzlich für jede Aufgabe oder Tätigkeit. Tatsächlich haben die meisten Menschen aber kein konkretes Ziel, sondern leben "so vor sich hin". Fragt man nach konkreten Zielen, hört man z.B. "Wenn ich Rentner bin, möchte ich das Leben genießen." oder "Ich bin froh, wenn ich über die Runden komme." oder "Ich will möglichst wenig Stress haben und ab und zu Urlaub machen können."

Auch Sportler haben oftmals kein konkretes Ziel, sondern antworten auf die entsprechende Frage z.B. "Schön wäre es, mal ein Turnier zu gewinnen." oder "Ich will möglichst oft auf dem Platz stehen und spielen." oder "Ich will mit meiner Mannschaft den größtmöglichen Erfolg haben."

Solche Antworten "übersetze" ich in unsere Alltagssprache mit z.B. "Schön wäre es, mal Urlaub zu machen." oder "Ich will möglichst wenig arbeiten müssen." oder "Ich will möglichst viel Geld verdienen."

Stellen Sie sich bitte vor, Sie würden in ein Reisebüro gehen, um dort einen Urlaub zu buchen. Glauben Sie, dass es ausreicht, dem Reisebüromitarbeiter zu sagen, dass man sich erholen möchte, damit er genau den Urlaub plant, den Sie sich vorstellen?

Ich bin sehr sicher, dass Ihre Chance, genau den Urlaub empfohlen zu bekommen, der Ihren Vorstellungen entspricht, wenn Sie Ihr Ziel genau beschreiben. Ans Meer, in die Berge oder aufs Land? Hotel, Ferienwohnung oder Zelt? Rundreise, Strandurlaub oder Abenteuer? Und so weiter, ich nehme an, Sie verstehen, worauf ich hinauswill.

Um z.B. im Sport oder als Unternehmer erfolgreich sein zu "können", muss man genau wissen, "wohin" man möchte.

Was ist das Ziel? Was will man unbedingt schaffen und erreichen. Das Verbalisieren und Visualisieren dieses Ziels halte ich für extrem wichtig.

In einem Coaching gehört es dementsprechend zu meinen ersten Amtshandlungen, das unbedingte Ziel gemeinsam mit dem Sportler, der Mannschaft oder dem Unternehmer zu definieren. Erst dann kann dieses zentrale Ziel visualisiert und verfolgt werden.

21.2. Ziele oder doch besser Visionen?

Schließen sich Ziele und Visionen aus? Ich meine, dass sie sich nicht ausschließen, sondern aufeinander aufbauen. Das Konkretisieren eines Ziels ist wichtig, um es erreichen zu können. Eine Vision geht jedoch darüber hinaus.

Unter einer Vision versteht man das innere Bild einer Vorstellung, meist auf die Zukunft bezogen, z.B. eine persönliche Erfolgsperspektive oder die langfristige Ausrichtung eines Unternehmens. Eine Vision kann viele Zwischenziele beinhalten.

- "Nie wieder Krieg." (Käthe Kollwitz)
- "I have a dream." (Martin Luther King)
- "Yes We Can." (Barack Obama)

Die allermeisten Menschen, zumindest in der westlichen Hemisphäre, kennen diese drei Zitate, die eine wirkliche Vision verkörpern. Millionen von Menschen hoffen auf die Erfüllung solcher Visionen und begeistern sich dafür.

Menschen ohne eigene Ziele sind besonders empfänglich für Visionen. Ein gutes, wenn auch negativ orientiertes, Beispiel ist die Propaganda in der Nazi-Zeit. Einfache Lösungen für die Masse. Schlagworte als Vision verpackt.

Das, was im obigen Beispiel negativ funktioniert hat und auch heute noch funktioniert, wenn auch mit anderen Zielen und Schlagworten, kann genauso für positive Ideen zielführend genutzt werden, z.B. für die Vision einer sauberen Umwelt. Stichwort Elektromobilität von Tesla.

21.3. Begeistern Sie und man wird Ihnen folgen

Es hört sich so trivial an "Begeistern Sie und man wird Ihnen folgen" und doch ist es wahr.

Alle großen Redner, erst recht mit einer ausgefeilten Rhetorik, haben es geschafft, Ihr Publikum zu begeistern. Dies gilt gleichermaßen für die Nazi-Propaganda, die keiner so verkörperte wie Joseph Goebbels, als auch für Barack Obama in der Politik oder Jürgen Klopp im sportlichen Kontext. Wenn man Menschen richtig begeistern kann, weckt man in ihnen positive Emotionen, Glückshormone (z.B. Dopamin, Serotonin, Endorphine, Oxytocin) werden ausgeschüttet. Und auf

Glückshormone verzichtet man nicht freiwillig bzw. man kann sogar süchtig danach werden.

21.4. Die Kombination führt zum Erfolg

Nun stellen Sie sich bitte vor, dass man mit einem Sportler, einem Team, einem Unternehmer oder einer Abteilung ein gemeinsames Ziel formulieren, im zweiten Schritt eine Vision aufzeigen und eine Flamme der Begeisterung schüren und aufrecht erhalten kann ... Halten Sie es jetzt noch für möglich, keinen Erfolg zu haben?

Und genau dies gehört zu meinen Aufgaben und Herausforderungen als "Der Counselor."

22. Die Theorie des morphischen Feldes

22.1. Die Theorie des morphischen Feldes

Ich habe lange überlegt, ob ich diesen Begriff in diesem Buch thematisieren sollte. Schließlich bin ich u.a. auch Physiker, da erwartet man hochwissenschaftliches Arbeiten und keine noch nicht wissenschaftlich anerkannten Theorien.

Ich verweise an dieser Stelle jedoch auf das Kapitel "Kognitive Dissonanz", in welchem ich erläutere, dass es in meinen Augen ein Schritt in die richtige Richtung ist, Althergebrachtes zu hinterfragen und offen für Neues zu sein.

Was versteht man unter einem morphischen Feld. Hier ein paar Ansatzpunkte bzw. Erläuterungen:

> Als morphisches Feld (engl. „morphic field"), ursprünglich auch als morphogenetisches Feld, bezeichnete der britische Biologe Rupert Sheldrake ein hypothetisches Feld, das als „formbildende Verursachung" für die Entwicklung von Strukturen sowohl in der Biologie, Physik, Chemie, aber auch in der Gesellschaft verantwortlich sein soll. Von der Naturwissenschaft wird die Hypothese als pseudowissenschaftlich eingestuft, dennoch wird die wissenschaftliche Überprüfung der Hypothese in Einzelfällen gefordert. Auch Vertreter der Sozialwissenschaften haben die Hypothese ernsthaft diskutiert.
>
> Der in der Entwicklungsbiologie verwendete Begriff des morphogenetischen Feldes ist nicht identisch mit den von Sheldrake angenommenen Feldern.
>
> Sheldrake entwickelte eine Hypothese. In dieser wird die Existenz eines universellen Feldes postuliert, welches das „Grundmuster" eines biologischen Systems kodieren soll. Er nahm zunächst Bezug auf den davor bereits bestehenden Begriff des morphogenetischen bzw. Entwicklungs-Feldes, formulierte ihn aber im Rahmen seiner Hypothese neu.
>
> Nach Sheldrakes Ansicht ist es einer Form, die bereits an einem Ort existiert, ein Leichtes, auch an irgendei-

nem anderen Ort zu entstehen. Nach dieser Hypothese wirkt das morphische Feld nicht nur auf biologische Systeme, sondern auf jegliche Form, beispielsweise auch auf die Bildung von Kristallstrukturen. Dies nannte Sheldrake 1973 ein morphisches Feld, später auch das Gedächtnis der Natur. Seine Hypothese veröffentlichte er 1981 in seinem Buch A New Science of Life (deutsch: „Das schöpferische Universum. Die Theorie des morphogenetischen Feldes").

In seinem 1988 veröffentlichten Werk Presence of the Past: A Field Theory of Life. (deutsch: „Das Gedächtnis der Natur. Das Geheimnis der Entstehung der Formen in der Natur") erweiterte er seine Hypothese dahingehend, dass die morphischen Felder auch die Naturgesetze selbst erfassen. Nach dieser Sichtweise bestünde die Natur möglicherweise nicht aus Naturgesetzen, sondern eher aus Gewohnheiten.

Im Unterschied zum elektromagnetischen Feld als „energetischem Typus der Verursachung" soll dieses Feld keine Energie zur Verfügung stellen. Die Hypothese eines morphischen Feldes dient als Erklärungsmodell für das genaue Aussehen eines Lebewesens (als Teil seiner Epigenetik) und sollte am Verhalten und der Koordination mit anderen Wesen beteiligt sein. Dieses morphogenetische Feld soll eine Kraft zur Verfügung stellen, welche die Entwicklung eines Organismus steuert, sodass er eine Form annimmt, die anderen Exemplaren seiner Spezies ähnelt.

> Ein Rückkoppelungsmechanismus namens morphische Resonanz soll sowohl zu Veränderungen an diesem Muster führen als auch erklären, warum etwa Menschen während ihrer Entwicklung die spezifische Form ihrer Art annehmen.
>
> Bereits 1958 hatte der Chemiker und Philosoph Michael Polanyi in seinem Buch „Personal Knowledge: Towards a Post-Critical Philosophy" ein sehr ähnliches Konzept entwickelt, das er ebenfalls als morphogenetische Felder bezeichnet hatte. Andere Vorläufer sind die ebenfalls weitgehend unbeachtete Theorie morphogenetischer Felder des Biologen Alexander Gurwitsch aus den 1920er Jahren und die noch ältere, um die vorhergehende Jahrhundertwende erstellte Entelechie-Theorie des Embryologen Hans Driesch.[9]

Andere Begriffe, die häufig synonym oder in diesem Kontext für den Begriff "Morphisches Feld" genutzt werden, sind z.B. Informationsfeld oder Akasha-Chronik.

Ein Nachweis dieses Feldes ist mit aktuell existierenden physikalischen Detektoren nicht gelungen, aber das sagt natürlich nichts über die Existenz- oder Nicht-Existenz aus. Vor 150 Jahren konnte man keine hochfrequenten elektromagnetischen Felder detektieren, heute nutzt man sie für die Mobilfunk-Kommunikation.

[9] https://de.wikipedia.org/wiki/Morphisches_Feld

22.2. Hypothese mit Erfahrungswerten

Man kann zu solchen Hypothesen stehen, wie man will, skeptisch, offen oder sogar zustimmend. Meine anfänglich große Skepsis hat sich im Laufe vieler Erfahrungswerte in eine absolute Überzeugung gedreht. Insbesondere nachdem ich feststellen durfte, dass sogar eine technische Beeinflussung dieses morphischen Feldes bzw. Informationsfeldes möglich war. Zumindest habe ich die im Zusammenhang mit der Nutzung von hierfür entwickelten Geräten so gedeutet, die positiven Ergebnisse können aber alles auch nur große Zufälle gewesen sein.

Wenn man aber mal die Hypothese dieses morphischen Feldes bzw. Informationsfeldes "zulässt", dann kann man sich fragen, inwieweit eine positive und zielorientierte Nutzung möglich ist. Hierzu eine Erläuterung:

> Das Informationsfeld können wir als physikalisch-geistiges Feld betrachten, von dem aus alle materiellen, energetischen und psychischen Prozesse gesteuert werden. Krankheiten und generell Dissonanzen (z.B. Misserfolg) haben komplexe Ursachen.
>
> Mit moderner auf den Erkenntnissen der Quantenphysik basierenden Technologien lassen sich durch Abfrage des Informationsfeldes diese Ursachen auf allen Ebenen (Körper, Geist und Seele) erkennen und anschließend balancieren. Die Analyse im Informationsfeld und die Wiederherstellung des Gleichgewichtes

> werden als Balancierung bzw. Optimierung bezeichnet.
>
> Die von den eingesetzten Technologien ermittelten Schwingungen bestimmter Informationen werden in das Informationsfeld des Klienten übertragen, was die Selbstheilungskräfte aktiviert. In einer etwas anderen Sichtweise könnte man auch sagen, „disharmonische" Informationen werden durch „harmonische" Informationen ersetzt, und zwar solange, bis der gewünschte Effekt eintritt. Dies kann je nach Art und Schwere der Disharmonie ein kurzer oder längerer Prozess sein.[10]

Es gibt viele Therapeuten, die solche technischen Entwicklungen erfolgreich im Bereich der Gesundheit einsetzen. Mein Ansatz war, diese Möglichkeiten für Dinge zu testen, die weniger mit der Gesundung eines Menschen zu tun haben, sondern mehr mit dem Unterbewussten, z.B. um Blockaden zu lösen und Glaubenssätze positiv zu beeinflussen.

Der Erfolg hat sich in vielen Bereichen gezeigt, sowohl was eine positive Unternehmensentwicklung anbelangte, als auch im Bereich sportlicher Höchstleistungen. Dabei war es für mich persönlich spannend zu lernen, dass eine positive Unterstützung umso leichter war, je fokussierter die Probanden selbst waren.

[10] https://www.institut-brand.de/informationsfelder.html?showall=&start=3

Es ist z.B. schwieriger, einen Kreisliga-Spieler dauerhaft auf ein höheres Niveau zu begleiten, als einen Bundesliga-Spieler, der sich sowie (zumindest sollte er das) auf seinen Beruf konzentriert. Meine persönliche Erklärung ist, dass ein Profi weniger Ablenkungen erfährt und dementsprechend negative Einflüsse zumindest weniger Wirkung zeigen.

Ob solche technischen Möglichkeiten genutzt werden, ist von Fall zu Fall unterschiedlich und muss immer mit dem jeweiligen Auftraggeber oder Probanden abgestimmt werden. Es werden solche technischen Hilfsmittel auf keinen Fall ohne Erlaubnis und Zustimmung genutzt.

23. Die Macht der Subliminals

23.1. Was bedeutet subliminal?

Subliminal müsste eigentlich in Versalien (SUBLIMINAL) geschrieben werden, so wichtig ist der Begriff bzw. dessen Wirkungsweise.

> Subliminal (lat. sub: "unter" und limen: „Schwelle", deutsch: unterschwellig; Ggtl.: supraliminal, deutsch: überschwellig) ist ein Begriff aus der Psychologie. Er bezeichnet die unterschwellige Darbietung bzw. Wahrnehmung von Reizen. „Unterschwellig" bedeutet, dass die Schwelle des Bewusstseins nicht überschritten wird, dass also Menschen die ihnen dargebotenen

subliminalen Reize nicht bemerken oder sie zumindest nicht diskriminieren (trennen) können; sie sind dem Bewusstsein nicht zugänglich.

Reize können aus verschiedensten Gründen an der Schwelle bewusster Wahrnehmung scheitern, etwa wenn ihre Darbietung zu kurz ist oder das Signal-Rausch-Verhältnis oder der Darbietungszeitpunkt ungünstig sind, etwa während Sakkaden (sakkadische Suppression). Zudem kann die Wahrnehmbarkeit durch die zeitliche oder räumliche Nähe weiterer ablenkender Reize beeinträchtigt sein.

Eine andere Art der Unterschwelligkeit ist die Stereotypie gewisser Reize. Wir sind so sehr an diese Darstellungen gewöhnt, dass wir sie nicht mehr bewusst wahrnehmen. In der Werbung wird von Frauen häufiger der ganze Körper gezeigt, von Männern häufiger nur der Kopf. „Männer handeln, Frauen schauen zu." Frauen werden häufiger in abhängigen Rollen dargestellt als Männer. Versicherer werben oft mit dem Versprechen, Sicherheit vor dem versicherten Risiko zu bieten - obwohl keine Unfallversicherung Unfälle verhindern kann.

In der Humanforschung werden subliminale Reize typischerweise durch eine sehr kurze (z. B. tachistoskopische) Darbietungszeit realisiert. Meist werden hierzu visuelle Reize (Bilder) nur für wenige Millisekunden dargeboten und anschließend von einem zweiten

Störreiz überlagert, z. B. einer Maske aus zufälligen Punkten.

Dieser Ablenkungseffekt zeigt sich z.B. bei Neglect-Patienten, die einen normalerweise deutlich wahrnehmbaren Reiz nicht mehr bewusst erkennen, wenn gleichzeitig ein zweiter Reiz in der anderen Gesichtshälfte dargeboten wird. Noch dramatischer sind in diesem Zusammenhang Berichte von Rindenblindheit nach einer Schädigung des primären visuellen Cortex. Dennoch hinterlassen auch subliminale Reize nachweisliche Spuren im Gedächtnis oder bewirken Verhaltenstendenzen, die nicht unbedingt im Einklang mit der bewussten Einstellung stehen müssen (unbewusste Informationsverarbeitung).[11]

23.2. Werbung

Sind Sie gegen subliminale Reize und Informationen gefeit? Glauben Sie, dass Sie sich gegen subliminale Botschaften abschotten und diese bewusst ausblenden können? Nichts könnte weiter von der Wahrheit entfernt sein.

Die allermeisten Eindrücke, die Sie am Tag verarbeiten (müssen), sind unterbewusst wahrgenommene Informationen, die Ihren bewussten Verstand hoffnungslos überfordern würden. Es ist Ihnen völlig unmöglich, alle Bilder, Töne, Gerüche, Geschmäcker, Empfindungen, Reize usw. bewusst

[11] https://de.wikipedia.org/wiki/Subliminal_(Psychologie)

wahrzunehmen und zu verarbeiten. Dies ist auch gar nicht nötig, denn während sie dieses Buch lesen, ist der Umstand, dass ein Auto vorbeifährt oder ein Vogel zwitschert, absolut sekundär und für Ihr Überleben unwichtig.

Die bewusst wahrgenommenen Informationen machen nur einen kleinen Bruchteil der Gesamteindrücke aus und werden ggfs. nochmals reduziert, falls Ihnen selbst diese überschaubare Anzahl von Eindrücken zu viel wird, z.B. durch Alkohol oder Rückzug z.B. in den Urlaub.

Die Werbung macht sich diese subliminale Eindrucksverarbeitung zu nutze. Je weniger Sie mit Ihrem bewussten Verstand in der Lage sind, Informationen zu "blockieren", desto erfolgreicher finden die Werbebotschaften ihren Weg in Ihr Unterbewusstes. Eine einmal ausgestrahlte Fernsehwerbung wird deshalb wenig Nutzen bringen können. Erst die immer aufs Neue ausgestrahlte Wiederholung führt dazu, dass das Bewusstsein abschaltet und das Unterbewusste die gewünschte Information abspeichert.

Dazu gibt es eine Reihe von Möglichkeiten, subliminale Informationen in Ihrem Unterbewussten zu verankern. Dies macht sich nicht nur die Werbung zunutze, indem z.B. eine Margarine mit der Botschaft "Heile Familie" verknüpft wird, sondern Sie finden dies auch in Spielfilmen (Sprache, Maske, Kostüme, Ausleuchtung, Kameraführung usw.), in Medien (z.B. wird ein erwünschter Politiker auf Fotos hell und positiv dargestellt, ein weniger erwünschter Politiker dunkel und verkniffen), eigentlich überall dort, wo Menschen tätig sind.

23.3. Positive Nutzung von subliminalen Botschaften

Wenn man nun weiß, dass man sich nicht gegen subliminale Botschaften schützen oder wehren kann, dann halte ich es für richtig, die subliminalen Botschaften zumindest positiv zu formulieren und zu gestalten, damit die Empfänger einen Nutzen daraus ziehen können, z.B. durch ein erhöhtes Wohlbefinden.

Ich empfehle z.B. immer, auf Horror- und Gewaltfilme zu verzichten. Die hierüber verankerten negativen Empfindungen und Informationen werden ganz sicher nicht zu einem langfristigen Wohlbefinden beitragen können, lediglich zu einem kurzfristigen Adrenalinschub, der zwar in diesem Moment als angenehm empfunden werden kann, der aber auch zu einer Abhängigkeit führen kann, zu sogenannten Adrenalin-Junkies.

Umgekehrt kann man subliminale Botschaften so gestalten, dass sie die Charakterstärken eines Menschen ansprechen. Auf welchen Wegen und mit welchen Hilfsmitteln dies innerhalb des "Der Counselor"-Konzepts gemacht wird, möchte ich nicht verraten, aber auch hier zeigt es sich, dass es wichtig ist, jeden Menschen individuell zu betrachten, um ihn bestmöglich unterstützen und fördern zu können. Dies soll nochmal eine Erklärung dafür sein, warum die "Der Counselor"-Vorgehensweise z.B. bei einem Personal Coaching oder bei einem Teambuilding so aufwändig ist.

23.4. Warum diese Geheimniskrämerei?

Ich werde praktisch immer gefragt, warum ich nicht alle Techniken und Hilfsmittel "auf den Tisch" lege und erläutere. Die Antwort ist sehr einfach.

➢ "Je weniger man weiß, desto weniger kann man sich dagegen wehren oder abschotten."

Es liegt in der Natur des Menschen, möglichst beweisen zu wollen, dass man nicht ungewollt beeinflussbar ist. So wird in diesen Situationen z.B. ganz bewusst darauf geachtet, was man sagt, wie man es sagt, welche Musik läuft, welche Gerüche und Geräusche vernommen werden können usw. Dagegen ist nichts zu sagen, es ist normal. Ich verrate Ihnen hoffentlich nicht zu viel, wenn ich sage:

➢ "Es bringt nichts! Keine Chance!"

Zum einen werde ich nicht verraten, welche vielfältigen Techniken und Hilfsmittel (visuell, auditiv usw.) ich einsetze, zum anderen wird es z.T. so offensichtlich erscheinen, dass man das "Versteckte" übersieht.

Ich weiß aber, dass die "Der Counselor"-Vorgehensweise hocheffektiv ist und langfristig enorm positive Veränderungen, sowohl bei Personal Coachings, als auch bei Gruppen oder Mannschaften erreicht werden können, z.B. Fokussierung, Erfolgshunger, Teamspirit usw.

24. Mantra und Slogan

24.1. Was ist ein Mantra?

Mantra (Sanskrit: मन्त्र, mantra m. ‚Spruch, Lied, Hymne') bezeichnet eine heilige Silbe, ein heiliges Wort oder einen heiligen Vers. Diese sind „Klangkörper" einer spirituellen Kraft, die sich durch meist repetitives Rezitieren im Diesseits manifestieren soll. Diese Wiederholungen des Mantras oder des Namens einer Gottheit werden manchmal auch Japa oder Nama-Japa genannt.

Mantras können entweder sprechend, flüsternd, singend oder in Gedanken rezitiert werden. Sie können auch aufgeschrieben (Likhita-Japa) und in dieser Form sogar gegessen werden. Im Hinduismus, im Buddhismus und im Yoga ist das Rezitieren von Mantras während der Meditation sowie im Gebet üblich. Vor allem in der Spiritualität des östlichen Christentums spielt die Namensgläubigkeit (Onomatodoxie) im Zusammenhang mit mantrischen Gebetsformen (wie Jesus- oder Ruhegebet) eine bedeutende Rolle.

Das Sanskritwort mantram vereint die beiden Wortwurzeln manas (Geist] und tram (Schutz, schützen bzw. Instrument), so dass die wörtliche Bedeutung Geistesschutz bzw. Schutz des Geistes, aber auch Instrument des Geistes/Denken sein kann. Mantras als Mittel der Meditation, wie zum Beispiel im Vajrayana Buddhismus (Stichwort Mantrayana), dienen der Wortbedeutung nach folglich dazu, den Geist respektive das Denken zu schützen – und zwar vor schädlichen Vorstellungen und Konzepten. Die Idealvorstellung ist also, dass während das Mantra rezitiert wird, sich der Geist an die positiven Inhalte der Worte des Mantras bindet und somit nicht mit anderen, d.h. negativen Gedanken beschäftigen kann.[12]

[12] https://de.wikipedia.org/wiki/Mantra

24.2. Was ist ein Slogan?

Die Bezeichnung leitet sich vom schottisch-gälischen sluagh-ghairm (ausgesprochen [ˈsˠɫuəˌɣɛɾʲəm]) ab, bestehend aus sluagh – Volk, Heer, und gairm – Ruf. Ein Slogan ist damit der Sammelruf der Clans (in Friedenszeiten) und der Sammel- und auch Schlachtruf während des Kampfes (in Kriegszeiten).

Slogans werden hauptsächlich in der Werbung oder Markenkommunikation (Werbespruch) und in der Politik verwendet. Der Slogan soll in kompakter Form eine Aussage vermitteln und die Öffentlichkeit schlagartig beeinflussen. In Deutschland wird in Fachkreisen der Begriff Claim oft synonym verwendet. Mitunter versteht man unter Claim eher den allgemeinen strategischen Kerngedanken einer Marke und nicht die Umsetzung als Werbeaussage. Aus der Filmbranche entliehen ist als Variante die Tagline, die Verdichtung der konzeptionellen Idee in einem meist umgangssprachlichen Satz.

Ein wirksamer Slogan soll gewöhnlich mehreren der folgenden Richtlinien folgen:

- Betonung von Vorteilen von Produkt, Person oder Idee: „Guinness is good for you“; „Vorsprung durch Technik“
- Formulierung eines Unterschieds zur Konkurrenz: „Freiheit statt Sozialismus“

- Einfache, direkte, prägnante und treffende Aussage: „Atomkraft, nein danke"
- Humor: „Wir können alles. Außer Hochdeutsch"
- Persönliche Ansprache und Herausstellung als Besonderheit: „Nie war er so wertvoll wie heute"
- Glaubwürdigkeit und Anschaulichkeit: „Und läuft und läuft und läuft"; „Auf den Kanzler kommt es an"
- Vermittlung positiver Gefühle: „Modell Deutschland", „Yes We Can"
- Vermittlung von Wünschen oder einem Bedarf: „Ohne Ö fehlt dir was"[13]

24.3. Warum halte ich das für wichtig?

Warum führe ich die Erläuterungen zu den Begriffen Mantra und Slogan in diesem Buch auf, wenn es "nur" darum geht, das zu denken, was man denken will?

Mantras als Mittel der Meditation sollen, wie oben aufgeführt, der Wortbedeutung nach dazu dienen, den Geist respektive das Denken zu schützen – und zwar vor schädlichen Vorstellungen und Konzepten. Das Bewusstsein ist nämlich

[13] https://de.wikipedia.org/wiki/Slogan

nicht in der Lage, zwei Gedanken gleichzeitig zu denken. Wenn man also einen positiven Gedanken verfolgt, ist es unmöglich, zeitgleich einen negativen Gedanken zu haben. Nacheinander oder sich abwechselnd ist das Denken unterschiedlicher Gedanken natürlich möglich, aber nicht gleichzeitig.

Dementsprechend liegt die Aufgabe bzw. die Herausforderung darin, nur den einen, zielführenden Gedanken zu denken, z.B. nur das Gewinnen zu visualisieren, sich aber auf keinen Fall mit dem Gegenteil zu beschäftigen. Möglicherweise wird jetzt noch klarer, warum ich immer darauf dränge, alles positiv zu formulieren, also z.B.

- Wir spielen auf Sieg!

und nicht:

- Hauptsache nicht verlieren.

Wenn man zusätzlich eine Gruppendynamik, ein Zusammengehörigkeitsgefühl, einen echten Teamgeist kreieren und fördern will, dann ist es zielführend, aus dem Mantra einen gemeinsamen Slogan zu entwickeln.

24.4. Beispiele für gute Slogans

Es gibt viele Beispiele für einen guten Slogan. Man erkennt sie insbesondere daran, dass man über sie nachdenkt und nicht vergisst, weil sie irgendetwas Besonderes haben und eine Emotion in Ihnen auslösen, z.B.

- "Vorsprung durch Technik." (Audi)
- "Nichts ist unmöglich." (Toyota)
- "Yes We Can." (Barack Obama)

Im Sport finden sich vergleichbar gute Slogans, z.B.

- "Mia san mia."
- "Wir sind Fußball."

Alle aufgeführten Slogans vermitteln etwas Positives, etwas, das man sehr gerne für sich selbst akzeptiert und verinnerlicht. Man geht voran, nichts ist unmöglich, alles kann erreicht werden. Damit verbindet man positive Assoziationen.

Demgegenüber gibt es auch Slogans, die ich in dieser Form niemals goutiert hätte, z.B.

- "Arbeit. Fußball. Leidenschaft." (Webseite VfL Wolfsburg)
- "Aus Berlin. Für Berlin." (Hertha BSC)

Wer möchte schon an die Arbeit erinnert werden, wenn er zum Fußball geht? Oder warum soll ich für Berlin kämpfen, wenn ich gar nicht aus Berlin komme und es mir in erster Linie um den gemeinsamen Erfolg mit meinen Mitspielern geht? Dagegen steht ein "Mia san mia." für Größe, Stärke, Gemeinsamkeit und Willen. Eine ähnliche Kraft beinhaltet "Wir sind Fußball."

Für mich gehört ein gemeinsames Mantra als Slogan zu einer Mannschaft, um mit diesem "Schlachtruf" eine enge Verbundenheit im Team zu erreichen.

25. Zielgruppe Sport

Grundsätzlich schließe ich niemanden aus, der ein Personal Coaching für seinen Weg zu seiner Berufung und seinem Erfolg in Anspruch nehmen möchte. Es hat sich aber gezeigt, dass insbesondere Menschen, die hohe Ziele haben oder sehr hohe Erwartungshaltungen erfüllen "müssen" oder wollen, prädestiniert sind, auf meine Unterstützung als "Der Counselor" zu bauen.

25.1. Spitzensportler

Warum ist ein bereits 36-jähriger Tennisspieler namens Roger Federer in der Lage, die Nr. 1 der Welt zu werden? Hängt es damit zusammen, dass er mehr Talent hat, als andere Spieler? Dies sicher auch, aber ich behaupte, dass der Hauptgrund darin begründet liegt, dass Roger Federer ganz tief in seinem Unterbewussten davon überzeugt ist, dass er jedes Match gewinnen kann und wird.

Wie ist dies nun bei anderen Spitzensportlern? Warum gewinnen Vereine wie Real Madrid, Bayern München oder Juventus Turin mehr Spiele und Meisterschaften? Liegt es daran, dass sie über mehr Geld verfügen und teurere Spieler verpflichten können?

Geld spielt sicher auch eine Rolle, aber wenn nur das Kapital entscheidend wäre, dann wüsste man schon vor Beginn einer Saison die Reihenfolge der Vereine nach einer Saison. Tatsächlich steigen aber auch Vereine mit einem recht hohen Etat ab, z.T. gewinnen Vereine mit einem geringeren Etat Pokale und Meisterschaften.

Borussia Dortmund hat in den letzten 25 Jahren fünf Mal die Deutsche Meisterschaft gewonnen. Und zwar 1995 und 1996 mit Ottmar Hitzfeld als Trainer, 2002 mit Matthias Sammer, sowie 2011 und 2012 mit Jürgen Klopp. Diese drei Trainer haben eines ganz sicher gemeinsam:

- Sie wollten unbedingt gewinnen. Etwas Anderes kam nicht in Frage!

Nur wenn in einem Verein in der DNA verankert ist, unbedingt gewinnen zu wollen, kann das auch funktionieren. Wenn man jedoch als Vorstand, Sportdirektor oder Trainer vordenkt "Hauptsache nicht verlieren", dann ist die Wahrscheinlichkeit des Gewinnens sehr viel geringer, da sich bei den Spielern im Unterbewussten das Wort "verlieren" breitmacht, was wirklich absolut contraproduktiv ist.

Ziel eines Personal Coachings mit meiner Unterstützung als "Der Counselor" ist es, die "DNA eines Spielers oder eines Vereins" zu ändern, nämlich auf "gewinnen" und "Erfolg" auszurichten. Konsequent und nicht nur 1 mm, sondern maximal. Gewinnen und Erfolg, gewinnen und Erfolg, gewinnen und Erfolg, immer und immer wieder.

25.2. Lust aufs Gewinnen

Kennen Sie folgenden Satz?

- „Ich glaube nicht daran, dass die Angst vor dem Verlieren dich eher zum Sieger macht, als die Lust aufs Gewinnen"

Diesen Satz soll Jürgen Klopp gesagt haben. Falls er diesen Satz geäußert hat, dann hat er damit zu 100% recht.

Ob eine Mannschaft erfolgreich ist, oder nicht, entscheidet sich nur z.T. über die Marktwerte und Gehälter. Wesentlich entscheidender ist das eigene Selbstverständnis, der Glaube an die eigene Stärke, das unbedingte Wollen. Ansonsten könnte man die Bundesliga schon vor dem ersten Spieltag abpfeifen, da alles beim Start geklärt wäre.

Borussia Dortmund hat 2011 und 2012 die Deutsche Meisterschaft gewonnen, obwohl der Marktwert der Mannschaft des FC Bayern höher lag. Das Dortmunder Team hatte aber etwas Anderes, nämlich Teamgeist, Selbstvertrauen und vor allem den unbedingten Willen zu gewinnen.

25.3. FC Bayern München

Der FC Bayern München verkörpert als Paradebeispiel für das erfolgversprechende Selbstverständnis das bajuwarische "Mia san Mia" und verinnerlicht den unbedingten Siegeswillen, wie kein anderer Verein in Deutschland. Stattdessen wird oftmals ein Mentalitätsproblem angeprangert. Man wünscht sich so genannte Mentalitätsmonster. Tatsächlich bin ich jedoch fest davon überzeugt, dass das Verhalten und Denken der Geschäftsleitung und des Trainerteams entscheidend dazu beitragen, ob "Krieger" und Leader in der Mannschaft stehen, die alle anderen mitreißen.

25.4. Leadership

Es kommt noch etwas Weiteres dazu. Ein Leader muss unterstützt und gestärkt werden. Wie soll sich eine Mentalitätsqualität herausbilden, wenn das Vorleben eines Siegeswillens und Führungsstärke nicht mehr goutiert werden? Wenn diese Unterstützung fehlt, entwickelt sich schnell ein schleichender Prozess für einen "Dienst nach Vorschrift", so dass man möglichst wenig auffällt, egal ob positiv oder negativ.

25.5. Stärke von oben ausstrahlen

Es gibt Vereine, die beklagen, dass ihnen immer die besten Spieler weggekauft werden und deshalb die wirtschaftlich stärkeren Vereine nahezu unschlagbar wären. Ich halte dies für Unfug. Ich halte es sogar für absolut falsch, sich in dieser Form als Opfer zu positionieren, anstatt die eigenen Stärken in den Vordergrund zu rücken.

Sobald man sich in dieser "Opferposition suhlt", wirkt sich dies auf den ganzen Verein aus. Auf die Geschäftsstelle, das Trainerteam und natürlich auch die Mannschaft. Im Unterbewussten manifestiert sich, dass man benachteiligt wird oder ist, kaum eine Chance hat und zufrieden sein kann und muss mit dem, was man hat.

Mit dieser Einstellung wird ein solcher Verein jedoch immer weiter abfallen. Gerade war man noch Zweiter, aber mit jedem "Einknicken" und "Zurückweichen" verliert der ganze Verein den Glauben an sich selbst und das Vertrauen, Großes erreichen zu können. Plötzlich ist man Dritter, dann Vierter usw. Eine Abwärtsspirale.

25.6. Darstellung als Opfer

Es gibt aber noch ein zweites Problem bei einer solchen Selbstpositionierung, nämlich die Außendarstellung bei Spielern und Sponsoren. Darf man einen Verein als Opfer des großen Geldes darstellen? Auf gar keinen Fall, ein Opfer ist nämlich niemals Herr über sein Handeln, sondern ein

Spielball des Kapitals. Mit dieser Darstellung werden die Marke und das Selbstverständnis eines Vereins massiv geschwächt.

Externe Spieler sehen diesen Verein plötzlich als Opferverein, d.h. der Verein wird als Adresse immer uninteressanter. Interne Spieler "verstehen" in ihrem Unterbewussten, dass sie nicht zu den absoluten Top-Spielern, sondern "nur zum Rest" gehören, was der eigenen Leistung ganz sicher abträglich ist

Sehr viel richtiger wäre es, die Stärke auszustrahlen, die einen Verein groß macht. Wenn z.B. ein Spieler verkauft wird, dann darf man sich nicht als Opfer positionieren, man sollte stattdessen eine große Stärke ausstrahlen, indem man deutlich macht, 90% der Spieler behalten und sogar noch mehr Qualität in der Breite aufgebaut zu haben. Jeder Verkauf ist ein Gewinn, so sollte man jeden Transfer darstellen.

Von ganz oben muss man es vorleben und ausstrahlen: Die absolute Souveränität und den Glauben an die eigene Stärke. Das Ergebnis entscheidet sich nicht auf dem Trainingsplatz, sondern zu 100% ausschließlich im Unterbewussten. Der Ausgangspunkt ist dabei das, was die Führungsmannschaft fühlt und verkörpert. Erst wenn ein Verein das uneingeschränkte Selbstverständnis von Selbstbewusstsein und Gewinnen ausstrahlt, wird ein Verein richtig und dauerhaft erfolgreich sein.

25.7. Bloß nicht verlieren?

Der Hinweis "bloß nicht verlieren" führt dazu, dass sich die Spieler unterbewusst mit dem Begriff "verlieren" beschäftigen. Stattdessen wäre es sehr viel zielführender und Erfolg versprechender, in jeder Situation folgende Zielsetzung zu formulieren:

- "Wir haben eine unfassbar große Qualität in der Mannschaft. Wir spielen auf Sieg"

Eine solche Aufforderung würde bei den Spielern zu der Überlegung führen, was getan werden muss, um ein Spiel zu gewinnen. Das ist sehr viel positiver, als auf die Angst vor dem Verlieren hinzuweisen.

Jürgen Klopp wird z.B. niemals äußern "bloß nicht verlieren". Solch eine Aussage, wie eine Maus vor der Schlange, ist absolut kontraproduktiv. Im Unterbewussten beschäftigen sich die Spieler mit dem Wort "verlieren", anstatt ausschließlich mit dem Ziel "gewinnen".

25.8. Ein Verein als Spielermagnet

Wann und warum entscheiden sich absolute Top-Spieler für einen Verein? Hat es etwas mit dem Gehalt zu tun? Ich behaupte, dass dem in den meisten Fällen nicht der Fall ist, denn dann müssten viel mehr Spieler im besten Alter in China kicken.

Ein Spieler entscheidet sich nicht nur aus wirtschaftlichen Erwägungen für einen Verein. Den meisten Spielern ist es wichtiger, zu wissen, was kann ich in diesem Verein erreichen? Habe ich Lust, für diesen Verein zu spielen? Verkörpert der Verein etwas Besonders, geradezu etwas magisch Anziehendes? Welche Ziele hat der Verein? Wofür steht er?

Ein Beispiel für eine solche Ausstrahlung war z.B. die Zeit, als Jürgen Klopp Trainer in Dortmund war. Der Verein wirkte geschlossen, aber vor allem verkörperten alle Führungsköpfe die Lust aufs Gewinnen, einen unbedingten Siegeswillen, das Fokussieren auf Titel. Dies kombiniert mit einem begeisternden Spielstil machte den BVB attraktiv für Spieler und Sponsoren.

25.9. Einschätzung von Neven Subotic

Ein schönes Beispiel stammt von Neven Subotic, einem ehemaligen, äußerst beliebten und angesehenen Spieler von Borussia Dortmund. Ich zitiere aus einem Artikel von Sven Westerschulze in der Sportbild vom 11. April 2018:

> Die Entwicklung der Dortmunder Mannschaft verfolgt er noch sehr genau. Die fehlende Mentalität in der aktuellen Mannschaft erklärt sich Subotic so:
>
> „Vielleicht muss man sich auch mal fragen, wieso die Situation jetzt so eine ist. Der BVB war immer cool! Aber warum? Dafür gibt es eine Erklärung: Unsere Erfolge mit den Titeln 2011 und 2012 waren auf einem

stabilen Fundament aufgebaut. Wir waren eine Mannschaft, die im Kern seit 2008 zusammengearbeitet hat – mit einem Trainer und einem Konzept, an das alle geglaubt haben."

Subotic weiter:

„Hätte man uns im Mannschaftskreis ein Stück Fleisch in die Mitte geworfen, wären wir alle wie Piranhas draufgestürzt. Als wir damals vor den Spielen im Tunnel standen, haben wir in unseren Köpfen schon 2:0 geführt. So geil waren wir auf die Spiele."

Subotic war 2008 für 4,5 Mio. Euro aus Mainz nach Dortmund gewechselt. Mit den Schwarz-Gelben gewann er zwei Meisterschaften, holte einmal den DFB-Pokal. Der Serbe erinnert sich:

„Wir haben da schon eine spezielle Mentalität verkörpert, sonst hätten wir allerdings auch nicht zu unserem Trainer gepasst. Jürgen Klopp hat keine Zocker, sondern Malocher gesucht. Unsere Devise lautete: erst verteidigen, dann zaubern. Der Kampfgeist war der Eintrittspreis für unser Team. Wer nicht kämpfen wollte, hatte keine Chance. Jeder empfand es als etwas Besonderes, für Borussia Dortmund aufzulaufen."

Dass dieses Gefühl, diese Identifikation bei einigen BVB-Spielern des aktuellen Kaders zu fehlen scheint, erklärt sich Subotic so:

> „Weil man als Spieler dafür auch Halt und Vertrauen braucht. Das Fundament, das wir damals hatten, fehlt heute. Im letzten Jahr hatte der BVB drei verschiedene Trainer. Jeder bringt eigene Ideen mit, jeder hat ein anderes Konzept. Dann fehlt irgendwo auch die Grundlage, um bei jungen Spielern eine positive Entwicklung anzustoßen."

Diese Einschätzung von Neven Subotic teile ich zu 100%. Der BVB hat seit den Jahren 2010-2013 (2013 erreicht Borussia Dortmund das Finale der Champions League in London) zwar wichtige Spieler abgeben "müssen", aber dafür im Gegenzug andere sehr gute Spieler verpflichten können. Dies gilt gleichfalls für die Folgejahre 2013-2017. Trotzdem hat die Mannschaft im Laufe der Zeit immer weniger begeisternd und überzeugend gespielt. Man hatte den Eindruck, als wenn der Zauber der "Klopp-Zeit" vergangen, um nicht zu sagen verloren wäre.

Ist es denkbar, diese alte Atmosphäre von "Gemeinsamkeit, Zusammengehörigkeitsgefühl und gewinnen Wollens" zu reaktivieren und mit neuer Kraft und Energie zu füllen? Ein klares Ja! Man sieht es z.B. in Liverpool, dass es Möglichkeiten gibt, eine Mannschaft zu "wecken" und ans Maximum zu führen. Bayern München macht dies seit vielen Jahren vor. Warum sollte es nicht bei anderen Vereinen möglich sein? Man muss nur wissen, wie ...

25.10. Die Kampfsau wecken

Ich möchte Ihnen ein Beispiel aus eigener Perspektive geben. Es gibt sportliche Betätigungen, die mich langweilen, z.B. joggen. Ich werde in diesem Bereich auch zukünftig eher keine Höchstleistungen vollbringen. Schlicht, weil es mich einfach nicht interessiert. Ich fühle keine intrinsische Motivation, schnell und ausdauernd zu laufen.

Völlig anders sieht dies beim Squash aus. Da geht es um Punkte, um ein direktes messbares Duell. Ich liebte es, im Court zu stehen und den Ball mehr oder weniger geschickt gegen eine Wand zu donnern und meinen Mitspieler niederzukämpfen. Und genau das habe ich gemacht.

Ich war dermaßen im "Kampfmodus", dass ich unter keinen Umständen einen Ballwechsel oder ein Match verloren gegeben habe. Ich bin gerannt, bis ich kollabiert bin. Letzteres ist häufiger passiert, aber das war mir egal. Die Hauptsache war für mich, unbedingt zu gewinnen.

Der Nachteil dieses unbändigen Fokussierens auf das "gewinnen wollen" war, dass irgendwann niemand mehr mit mir, der nur noch "Kampfsau" genannt wurde, gespielt hat. Nun gut, das war schade, aber mein Siegeswille war mir wichtiger. Und genau dies halte ich für jeden Sportler, der absolute Spitzenleistungen erbringen möchte, für unabdingbar wichtig. Dieser unbedingte Wille, unter allen Umständen um jeden Zentimeter zu kämpfen und lieber zu kollabieren, als zurück zu weichen.

Die Frage ist, wie man es schaffen kann, in einem Sportler die Kampfsau zu wecken und diesen Fokus auf das maximal Erreichbare zu lenken, sowie den Glauben daran aufrecht zu erhalten. Genau dies ist eine Aufgabe von mir als "Der Counselor".

25.11. Denn: Mentalität schlägt Qualität

Natürlich ist es wichtig, dass man als Sportler weiß, wie man vor den Ball treten muss, damit er in die gewünschte Richtung fliegt, oder dass man den Speer mit einer guten Technik wirft, damit er weit fliegt. Ein Sportler muss wissen und verinnerlicht haben, was er können muss, um erfolgreich zu sein. Ich könnte z.B. ganz sicher in keiner Sportart herausragende Leistungen bringen und eine olympische Medaille gewinnen, da mir die technischen Voraussetzungen fehlen und auch kein Interesse besteht, die unbedingt zu lernen.

Allerdings ist noch etwas Anderes sehr viel wichtiger, als die Technik einer Sportart zu beherrschen, nämlich die Mentalität, unbedingt-unbedingt-unbedingt gewinnen und wirklich alles dafür geben zu wollen.

Grundsätzlich wissen die meisten Vereine und Sportler, dass diese "unbedingt etwas erreichen wollen-Mentalität" wichtig ist. Die Frage ist nur, wie kann man dies bei einem Sportler erreichen und manifestieren? Mit Zwang geht es nicht. Befehlen kann man diese innere Einstellung auch nicht. Nach meiner Erfahrung geht dies, indem man das "Warum des einzelnen" kennt, das "was will jemand wirklich-wirklich-wirklich", sowie das jeweilige "Lebensziel" und dies zur Grundlage nimmt, um das "gemeinsame Ziel" im Unterbewussten positiv zu verankern.

25.12. Visionen verkörpern

Ich halte es für wichtig, dass eine Mannschaft und der komplette Staff, d.h. jeder einzelne Spieler, aber auch jeder drumherum, genau weiß, wer der Chef ist, was der Chef will, wohin die Reise gehen soll, welche Perspektive es gibt und vor allem, dass der Verein immer weiter nach oben möchte.

Ich empfehle deshalb immer, dass die Führungsköpfe das eigene Denken zielführend ausrichten. Es darf nicht das Ziel sein, Zweiter in Deutschland sein. Sich damit zufrieden zu geben, Zweiter zu sein, ist, wie damit einverstanden zu sein, als B-Männchen wahrgenommen zu werden. Die Spieler folgen jedoch viel lieber einem A-Männchen, als einem B-Männchen.

Wichtig ist, dass jeder weiß, wohin die Reise gehen soll. Ist es für einen Top-Spieler die richtige Perspektive, unter die Top 4 der Bundesliga zu kommen? Ich meine, die richtige Ausstrahlung ist es, zu verkörpern, dass man viel mehr erreichen will, als in den letzten 10 Jahren und die höchsten Ziele mit aller Macht erreichen will. Eine solche Einstellung überträgt sich auf die Spieler.

Die "großen" Führungspersönlichkeiten haben immer eine Vision aufgezeigt. Steve Jobs bei Apple, Elon Musk bei Tesla, auch Uli Hoeneß kann man dazu rechnen. Nur wer unbedingt alles, u.a. die Champions League, gewinnen will, kann das auch schaffen.

Unter dieser Perspektive würde ich übrigens auch die Entscheidung für einen Trainer fällen. Wer ist in der Lage, die Spieler besser zu machen und ein erfolgreiches System spielen zu lassen? Das können ganz sicher viele Übungsleiter. Wer ist jedoch jemand, der ein unbedingtes "gewinnen wollen" ausstrahlt und das Maximalste (wenn es das Wort geben würde, da man einen Superlativ nicht steigern kann) mit aller Macht erreichen will? Wer ist derjenige, der eine Vision vorgibt, sie mit allen Fasern ausstrahlt und diese Vision mit dem absoluten Erfolgswillen erreichen will?

26. Zielgruppe Business

26.1. Voraussetzung für Erfolg

Ein zweiter Bereich, für den die Konzepte von "Der Counselor" extrem erfolgreich umgesetzt werden, ist alles rund um das Thema Business. Warum sind einige Unternehmer und Unternehmen erfolgreicher, als andere? Warum war Apple praktisch schon pleite, wurde aber extrem erfolgreich mit Steve Jobs? Warum wurde Microsoft eine solcher Software-Gigant? Warum zieht Elon Musk externes Kapital trotz horrender Verluste (zumindest derzeit noch) magisch an?

Natürlich muss man gute Produkte anbieten, um sie verkaufen zu können, aber etwas Anderes ist nach meiner festen

Überzeugung noch sehr viel wichtiger. Man muss mit jeder Faser seines Denkens und Fühlens ausstrahlen:

- "Ich bin es. Ich bin erfolgreich. Da, wo ich bin, ist der Erfolg. Ich habe die besten Produkte. Du darfst froh sein, bei mir kaufen zu dürfen."

Wenn man mit dieser Überzeugung an den Markt geht und Kunden gewinnen möchte, ist es völlig unnötig, Rabattschlachten mitzugehen. Man hat ein Top-Produkt, also kann man dafür auch einen guten Preis verlangen. Dieser Preis muss angemessen sein, auf keinen Fall darf es ein Billig-Abverkauf sein.

Dieses Selbstverständnis, dass man beste Produkte hat und einen guten Preis dafür verlangen kann, muss von ganz oben im Unternehmen vorgedacht, vorgefühlt und vorgelebt werden. Mit diesem Selbstverständnis zieht man automatisch Erfolg an, also Erfolg für das Unternehmen und letztendlich für sich selbst.

Einschränkungen oder "falsche" Glaubenssätze wie "Wer weiß, ob ich dann noch etwas verkaufe" oder "Ich muss Rabatte geben, damit der Umsatz stimmt" oder "Vielleicht sind andere Hersteller und deren Produkte besser?" sind absolut kontraproduktiv. Hier eine Gedankenhygiene von ganz oben bis hinunter zum einzelnen Vertriebsmitarbeiter bzw. Mitarbeiter allgemein zu erreichen, sehe ich als meine Aufgabe als "Der Counselor".

26.2. Geschäftsleute wie Sportler

Eigentlich könnte ich das vorherige Kapitel kopieren und den Begriff Verein gegen den Begriff Unternehmen, sowie den Begriff Sportler gegen die Begriffe Führungskraft oder Mitarbeiter austauschen.

Der für den Erfolg eines Unternehmens entscheidende Punkt ist nämlich - ähnlich wie in einem Verein - das Denken und Vorleben einer Vision, das Ausgeben von Zielen und das Verkörpern von Erfolg und dem Selbstverständnis, alles zu erreichen, was man will.

26.3. Wer trägt die Verantwortung?

Sie kennen evtl. das Sprichwort

- "Der Fisch stinkt vom Kopf her."

Dieser sehr häufig gebrauchte Spruch bezieht sich in den allermeisten Fassungen darauf, dass die Führungskräfte in einem Verein oder in einem Unternehmen für Probleme oder Nichterfolg verantwortlich sind. Ich sehe dies ähnlich, auch wenn es dem einen oder anderen missfallen sollte, der sich jetzt angesprochen fühlt.

Mit diesem Satz ist dabei nicht gemeint, dass eine Führungskraft "schuld" ist, wenn ein Mitarbeiter einen Fehler macht. Hier würde ich definitiv widersprechen. Es geht mehr darum, ob ein Verein oder ein Unternehmen eine zielführende Ausrichtung "leben", und hierfür zeichnen die Führungskräfte verantwortlich.

Kann man als Führungskraft, z.B. als Geschäftsführer oder Vorstand, selbst erkennen, ob man das vorlebt und verkörpert, was den Verein oder das Unternehmen auf einen bestmöglichen Weg führt. Ich halte dies für schwierig, wenn die Strukturen "verkrustet" sind und "alte Seilschaften" eine kritische Auseinandersetzung und eine offene Diskussion nahezu unmöglich machen. Für eine solche Situation ist es nach meiner Erfahrung sinnvoll, Kompetenz von außen dazu zu holen.

26.4. Aufdecken von unbewussten Abläufen

Um Abhilfe zu schaffen, wenn Strukturen und Abläufe "eingefahren" sind und/oder ein gewünschter Erfolg ausbleibt, ist es nach meinem Dafürhalten wichtig, unbewusste Abläufe und Handlungsweisen an die Oberfläche zu holen und hierfür externe Kompetenz zuzulassen, die sich nicht scheut, kritische Anmerkungen zu machen.

Diese externe Unterstützung sollte dabei sowohl kaufmännisches, vertriebliches und Marketing-Know-how mitbringen, um sich in alle Abläufe reindenken und reinfühlen zu können, als sich auch mit den Themen "Psyche und Unterbewusstes" auskennen. Dass ich hierbei an mich denke, wird Sie nicht überraschen.

27. Mediation

27.1. Was ist Mediation?

Was ist überhaupt Mediation? Hierzu findet man:

> Mediation (lateinisch „Vermittlung") ist ein strukturiertes, freiwilliges Verfahren zur konstruktiven Beilegung eines Konfliktes, bei dem unabhängige „allparteiliche" Dritte die Konfliktparteien in ihrem Lösungsprozess begleiten. Die Konfliktparteien, auch Medianten oder Medianden genannt, versuchen dabei, zu einer gemeinsamen Vereinbarung zu gelangen, die ihren Bedürfnissen und Interessen entspricht.

Der allparteiliche Dritte (ein Mediator oder ein Mediatoren-Team in Co-Mediation) trifft keine eigenen Entscheidungen bezüglich des Konflikts, sondern ist lediglich für das Verfahren verantwortlich. Ob und in welcher Form ein Mediator selbst überhaupt inhaltliche Lösungsvorschläge macht, ist je nach Ausrichtung der Mediation unterschiedlich.

27.2. Die "Der Counselor"-Mediation

Im Unterschied zu einer "normalen" Mediation werden beim "Der Counselor"-Konzept insbesondere die unterbewussten Komponenten betrachtet. Es geht also weniger um eine kurzfristige Lösung für ein konkretes Problem, sondern um eine Bewusstmachung und Auflösung von tiefverwurzelten, unterbewussten "Handlungszwängen", um eine langfristige Harmonisierung zu erreichen.

ich nenne mein Konzept Subconscious-Mediation (subconscious = unterbewusst) bzw. kurz Submediation (siehe auch submediation.de). Zu diesem Thema habe ich ein separates Buch verfasst:

- Submediation: Konflikte "über" das Unterbewusste lösen

Der Aufwand für eine "Der Counselor"-Submediation ist extrem hoch. Alle Beteiligten müssen von sich aus zu 100% bereit sein, einen solchen Weg mitzugehen, der z.T. unterbewusste Narben aufreißen kann, ggfs. sogar frühere Inkarnationen betrachtet. Eine solche Submediation ist also auf keinen Fall etwas für "normale" Streitigkeiten z.B. unter Mitarbeitern oder zwischen der Geschäftsleitung und Mitarbeitern usw.

Um es sehr deutlich zu sagen: Eine "Der Counselor"-Submediation ist in erster Linie gedacht für Gruppen, bei denen das Ausräumen von unterbewussten Dissonanzen existenziell wichtig ist oder bei denen es ansonsten zu extrem hohen Schäden kommen könnte, z.B. bei Profi-Sportvereinen oder bei Konzernen etc.

27.3. Werkzeuge

Die Werkzeuge, die bei einer "Der Counselor"-Mediation bzw, Submediation eingesetzt werden, entsprechen z.T. den Vorgehensweisen bei der Omniatherapie, siehe omniatherapie.de. Diese Schritte im Folgenden ausführlich darzulegen, halte ich an dieser Stelle für wenig sinnvoll. Es würde den Rahmen dieser Einführung sprengen. In meinem Buch "Submediation: Konflikte "über" das Unterbewusste lösen" gehe ich auf die Vorgehensweise ausführlicher ein.

Wenn Sie konkretes Interesse am Konzept einer "Der Counselor"-Mediation bzw. Submediation z.B. für Ihr Unternehmen haben, schicken Sie bitte eine E-Mail an info@dercounselor.de oder info@submediation.de, Sie erhalten umgehend erläuternde Informationen.

28. Das "Der Counselor"-Lernkonzept

28.1. Das Erreichen des persönlichen Maximums

Das Erreichen seines persönlichen Maximums ist nach meiner Einschätzung für jeden Menschen möglich. Aber auch wenn man alle Empfehlungen beherzigt und sämtliche Tipps befolgt, heißt dies nicht, dass die Umsetzung von Anfang an "funktionieren" wird und sich ein positives Ergebnis innerhalb weniger Tage einstellt.

Zum einen werden Sie sich selbst dabei "erwischen" können, dass Sie in alte Verhaltensmuster zurückfallen. Was Sie sich in 20, 30, 40, 50, 60 oder noch mehr Jahren "mühelos" angeeignet haben, werden Sie nicht in wenigen Tagen "neu gelernt" haben können. Das Verinnerlichen der "Der Counselor"-Bausteine ist ein fortwährender Prozess, ein kontinuierliches Lernen, ein diszipliniertes Arbeiten an sich selbst. Sie bekommen leider nichts geschenkt, sondern dürfen etwas dafür tun, dass Sie Ihr Denken neu in Richtung "maximalem Erfolg" gestalten und ausrichten.

Ich verspreche Ihnen aber, dass Sie feststellen werden, dass es Ihnen immer leichter fallen wird, sich selbst, Ihr Denken, Fühlen und Handeln zu reflektieren und zu hinterfragen, wenn Sie "am Ball bleiben". Vor allem wird es Ihnen immer mehr Spaß machen, sobald Sie erste Erfolge erkennen und sich besser fühlen werden. Ich habe wirklich im Laufe der Zeit jedes Erkennen genossen und mich immer wohler mit "allem" gefühlt.

29. Thetazustand als Booster

Sämtliches bisher Aufgeführtes stimmt nach meiner Erfahrung zu 100%. Es gibt aber etwas, was das Ganze sehr positiv unterstützen kann, nämlich geführte Trancesitzungen, bei denen die Ursachen und Auslöser für alte Glaubenssätze und Blockaden, die tief im Unterbewussten verankert sind, liebevoll unter einem neuen Blickwinkel betrachtet und auf diesem Wege letztendlich aufgelöst werden können.

Ich bezeichne diese Theta-Sitzungen gerne als "Booster", weil damit all die "Hindernisse" ausgeräumt werden können, die einem schnellen Erreichen Ihrer Ziele und Wünsche im Wege stehen, weil z.B. Zweifel und Vorbehalte bestehen, die auf "negativ empfundenen" Erfahrungen und Sichtweisen beruhen.

Solche Theta-Sitzungen sind nach meiner Erfahrung immer positiv, befreiend und aufbauend. Ich habe immer und jedes Mal erleben dürfen, wie Menschen nach solchen Sitzungen geradezu aus dem Zimmer "geschwebt" sind und "geleuchtet" haben.

Meine Darstellung hört sich womöglich etwas "abgehoben" an, aber mir fallen keine Adjektive ein, die das jeweilige Ergebnis besser beschreiben könnten. Es war wirklich jedes Mal so, als wenn die Menschen tonnenschwere Lasten losgeworden wären und ein neues Bewusstsein in ihnen den Weg an die Oberfläche gefunden hätte.

Niemand vergisst seinen Namen, keiner gackert wie ein Huhn, sondern jeder ist durchgängig Herr seiner Sinne und hat mir hinterher erklärt, dass er gar nicht in Trance war. Erst wenn ich gefragt habe, wie lange wir uns denn unterhalten haben, die jeweilige Einschätzung bei 15-20 Minuten lag, ich aber belegte, dass inzwischen 2 1/2 oder sogar 3 Stunden vergangen waren, wurde eine Trance für möglich gehalten.

30. Personal Coach

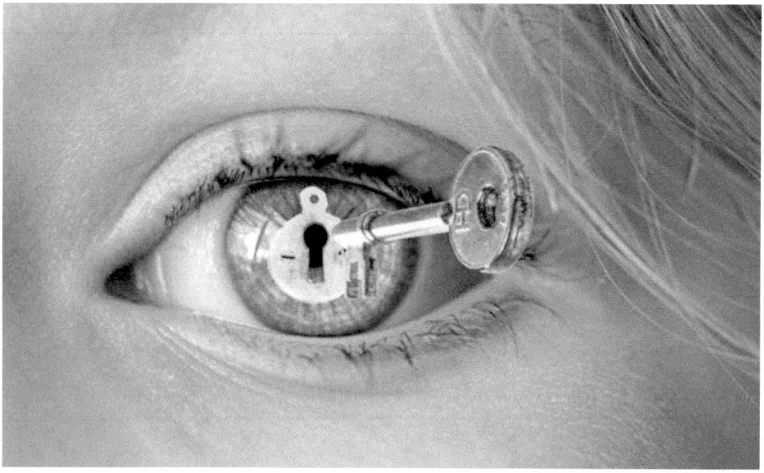

30.1. Der Schlüssel zu einem neuen Blickwinkel

Stellen Sie sich vor, Sie könnten den Schlüssel zu einem neuen Blickwinkel ergreifen. Einen geänderten Blickwinkel auf Ihr Leben und Ihre Lebensumstände. Einen positiven Blickwinkel auf alles, was war, ist und sein wird. Einen zielführenden Blickwinkel, um Ihren maximalen Erfolg zu erreichen. Würden Sie diesen Schlüssel nehmen, um eine neue Perspektive für sich und ggfs. ein verändertes Denken und Fühlen zu ermöglichen?

Meine ersten Fragen bei einem Coaching lauten immer:

1. Was ist Ihre Motivation? Was ist Ihr "Warum"?

2. Was wollen Sie wirklich-wirklich-wirklich?

3. Sind Sie bereit, Ihr Denken und Fühlen zu verändern?

Speziell die Frage 3 ist von großer Bedeutung. Wenn nämlich jemand nicht wirklich bereit ist, Hinweise und Vorgaben anzunehmen, um das eigene Denken und Fühlen anders auszurichten, dann ist ein "Personal Coaching" wenig erfolgversprechend. Antworten können z.B. wie folgt aussehen:

- Meine Frau hat gesagt, ich soll zu Ihnen kommen.
- Mein Chef meinte, dass es wichtig ist, etwas zu verändern.
- Mein Trainer hat mir vorgeben, dass ...

In solchen Fällen lehne ich ein "Personal Coaching" ab. Es hat nämlich überhaupt keinen Sinn, zu versuchen, jemanden gegen seinen Willen anzuleiten. Der Wunsch zur positiven und zielorientierten Veränderung muss intrinsisch sein, also aus dem Menschen selbst kommen. Nur wer wirklich bereit ist, etwas in seinem Denken und Fühlen zu verändern, kann erwarten, dass dies auch gelingen wird.

30.2. Mein persönlicher Coach

Ich hatte das große Glück, sehr früh einen Coach an meiner Seite zu haben, der mich durchschnittlich 22 Stunden pro Tag (inkl. der Nachstunden) gecoacht hat, nämlich meine

Frau, die seit 1993 an meiner Seite steht. Dies machte das Erkennen von Fehlern und Verinnerlichen von Bausteinen sehr viel einfacher. Ob ich das alles alleine geschafft hätte? Natürlich, aber wahrscheinlich hätte es länger gedauert.

Das Besondere an meinem Coach ist, dass er genauso denkt, wie ich, d.h. wir waren und sind in der Lage, uns gegenseitig zu coachen, auf ein "falsches Denken" aufmerksam zu machen und zu uns gegenseitig zu motivieren, umzudenken und die Sichtweisen positiv auszurichten.

Sollten Sie das "Der Counselor"-Konzept alleine umsetzen wollen, wird Ihnen dies mit Nutzung der aufgeführten Hilfsmittel sicher möglich sein, aber mit einem "Spiegel" an Ihrer Seite, also mindestens zu zweit, wird es Ihnen sehr viel leichter fallen, weil Sie oftmals gar nicht merken, wie Sie in alte Denkmuster zurückfallen.

30.3. Ihr Profi-Coach

Um das "Der Counselor"-Konzept nicht nur zu verstehen und zu verinnerlichen, sondern in Ihr Leben erfolgsorientiert zu integrieren, damit Sie möglichst schnell zu einem Erfolgsmagneten werden, ist auch die Einbindung eines Profi-Coachs denkbar. Ich übernehme eine solche Aufgabe extrem gerne, u.a. weil ich es liebe, Menschen "aufblühen", das Leben genießen und Erfolg anziehen zu sehen.

Ein dauerhaftes "Personal Coaching" ist sehr aufwändig und zeitintensiv. So etwas kommt nur für Menschen in Frage, die wirklich nachhaltig ihr Denken und Fühlen neu ausrichten möchten, um schnell und nachhaltig Erfolg und Glück in ihr Leben zu ziehen. Der angenehme Nebeneffekt, wenn Sie Ihren Weg mit Ihrem Personal Coach gehen sollten, ist, dass sich die Erfolge schneller manifestieren. Sie werden sehen, sie werden stauen, sie werden sich freuen und begeistert sein, und dies alles gleichzeitig.

Meine Arbeit als "Der Counselor" ist teilweise wirklich "nervig", aber weniger für mich, sondern mehr für die gecoachte Person. Wer mag schon mehrfach täglich darauf hingewiesen werden, dass das eigene Denken negativ ausgerichtet ist und man dementsprechend auch Negatives anzieht? Wer möchte schon hören, dass man in seinem Denken gerade nicht alles richtig macht, sondern insbesondere am Anfang kontinuierlich Korrekturhinweise nötig sind?

Nichtsdestotrotz zeigt der Erfolg, dass es sich lohnt, durchzuhalten! Ich arbeite dabei gerne mit Spitzensportlern und "Wirtschaftskapitänen" zusammen, weil die jeweiligen Ziele und Vorstellungen sehr konkret und im Normalfall durch eine neue Ausrichtung des Denkens nachvollziehbar und an konkreten Ergebnissen überprüfbar sind.

31. Vorträge und Schulungen

Die Vorgehensweise beim "Der Counselor"-Konzept kann man zwar in einem Vortrag darlegen oder in einer Schulung ausführlich beschreiben, aber damit weiß der Zuhörer nur, dass es etwas gibt, was auf dem Weg zum Erfolg helfen kann. Ich vergleiche das gerne damit, dass man sich einen Vortrag über das Malen eines Bildes, das Komponieren einer Symphonie oder das Lernen einer Fremdsprache anhören kann. Nach einem solchen Vortrag kann man weder Bilder malen, noch Musik komponieren oder sich in Fremdsprachen unterhalten.

Das "Der Counselor"-Konzept ist ein kontinuierlicher Lernprozess, der zwar einige Hilfsmittel nutzt, der aber in erster Linie ein fortwährendes Personal Coaching erfordert. Dieses Personal Coaching ist zwar (gerade zu Beginn) sehr aufwändig, aber dafür auch nachhaltig.

32. Technik und Werkzeuge

Die "Der Counselor"-Techniken werden z.T. in den aufgeführten Büchern (siehe Webseiten & Bücher) beschrieben. So werden z.B. sehr weit verbreitete Hilfsmittel wie NLP (Neurolinguistisches Programmieren) Affirmationen, Suggestionen, Subliminal Information oder ggfs. auch Hypnosetechniken etc. genutzt, um das Unterbewusste zu erreichen.

Beim "Der Counselor"-Konzept, insbesondere wenn es darum geht, ein Ziel oder einen besonderen Erfolg zu erreichen, kommen darüber hinaus weitergehende, z.T. auch technische Hilfsmittel und Werkzeuge zum Einsatz, die eher selten bekannt sind.

Einige dieser Techniken und Werkzeuge haben nichts mit dem aktuellen wissenschaftlichen Wissen zu tun, sondern eine Wirksamkeit wird z.T. von der herrschenden Wissenschaftsmeinung komplett in Abrede gestellt. Für mich als Physiker (ich habe u.a. Theoretische Physik studiert), ist eine grundsätzliche Ablehnung von noch nicht erklärlichen Funktionsweisen nicht nachvollziehbar.

Die Naturwissenschaften haben nach meiner Einschätzung vor allem eines bestätigt, nämlich:

- oîda ouk eidōs (οἶδα οὐκ εἰδώς)

Dieser Satz von Sokrates heißt übersetzt:

- "Ich weiß, dass ich nicht weiß!"

Fälschlicherweise wird er auch wie folgt wiedergegeben:

- "Ich weiß, dass ich nichts weiß!"

Tatsächlich wissen wir nicht, ob unsere wissenschaftlich fundierten Vorstellungen stimmen. Es handelt sich immer um Theorien, die so lange Gültigkeit besitzen, bis ein Gegenbeweis gefunden wurde.

Es gab z.B. eine Zeit, in der es völlig klar war, dass die Erde ein Scheibe ist. Zum Teil glauben das Menschen heute noch bzw. heute wieder. Das geozentrische Weltbild gibt es in Europa erst seit wenigen Jahrhunderten. Zu Beginn der Eisenbahn-Zeit haben einige Wissenschaftler gesagt, dass man

Geschwindigkeiten über 30 km/h nicht überleben kann. Heute ist wissenschaftlich völlig klar, dass Zeitreisen und Geschwindigkeiten schneller als das Licht unmöglich sind. Aber wie lange noch?

Vor diesem Hintergrund habe ich mich mit Techniken und technischen Werkzeugen beschäftigt, die von der aktuellen "Wissenschaft" noch nicht angenommen bzw. für unwissenschaftlich erklärt werden. Und siehe da, ich habe damit extrem viele positive Erfahrungen sammeln dürfen.

Eingesetzt werden solche Techniken und technischen Werkzeuge aber nur dann, wenn die Menschen, mit denen ich zu tun habe, bereit sind, über den Tellerrand hinauszuschauen, selbst zu denken, "Fakten" zu hinterfragen und offen für Neues zu sein.

33. Beispiele zur Vorgehensweise

Ich möchte ein paar Beispiele aufführen, die den einfacheren (und vor allem auch bekannteren) Bereich der "Der Counselor"-Vorgehensweise erläutern.

33.1. Privat

Fangen wir im privaten Umfeld an. Seit unserem Kennenlernen hört meine Frau fast jeden Tag mehrfach (außer wenn wir mal einen Dissens ausleben), wie lieb ich sie habe und wie hübsch sie ist. Was meinen Sie, wie eine solche ständige

Wiederholung auf das Unterbewusste (auch Unterbewusstsein genannt) wirkt? Ich verrate Ihnen wahrscheinlich nichts Überraschendes, wenn ich Ihnen darlege, dass sich diese "positiven Affirmationen" zum Vorteil für unsere Ehe ausgewirkt haben.

33.2. Spitzensport

Wenn ich mit Spitzensportlern arbeite, erlebe ich immer (wirklich immer), dass sich Unsicherheiten ins Bewusstsein drängen. Was ist, wenn ich verliere? Habe ich genug trainiert? Wie reagieren die Fans? Habe ich überhaupt eine Chance, Titel zu gewinnen? Bin ich beim richtigen Verein? Setzt der Trainer auf mich? Werde ich von der Presse verrissen? Diese Aufzählung könnte ich beliebig weiterführen.

Was passiert aber, wenn man sich mit "negativen Fragestellungen" befasst? Die Gedanken kreisen immer um Probleme, Versagensängste, Niederlagen usw., also wird es niemanden erstaunen, dass man sich damit in eine Abwärtsspirale begibt und genau das in das eigene Leben zieht, wovor man Angst hat bzw. was man gerade nicht möchte.

Um es sehr deutlich zu sagen:

- ➢ Wenn man Deutscher Meister werden will, muss man dies zuerst einmal unbedingt mit jeder Faser seines Körpers und Geistes "wollen", unbeirrt daran glauben und sich mit aller Konsequenz darauf fokussieren.

Dieses absolute Fokussieren muss von ganz oben, also vom Präsidium und von der Geschäftsführung, vorgelebt werden. Ein Satz wie

- "Hauptsache nicht verlieren"

ist in jedem Falle contraproduktiv. Es darf nur eine Devise geben:

- "Wir spielen auf Sieg!".

33.3. Business

Bei Unternehmern und Managern sind die Fragestellungen recht ähnlich, wenn auch mit anderen Schwerpunkten. Was passiert, wenn sich das Produkt nicht verkauft? Was ist, wenn die Umsätze nicht stimmen? Verliere ich meinen Job und womöglich meine Existenz? Wie erkläre ich das meiner Familie oder Freunden? Und so weiter ...

Ist es vorstellbar, dass man mit 100% seiner Gedanken und in positivster Erwartungshaltung die eigenen Erfolge und Ziele erreicht, wenn man immer und immer wieder über das nachdenkt, was man gerade nicht erleben möchte?

33.4. Wie kann man hier nun gegenwirken?

Neben den von der Wissenschaft nicht akzeptierten Werkzeugen gibt es eine Reihe von Hilfsmitteln, die zumindest eher auf Akzeptanz stoßen. Hierzu gehören z.B. Suggestionen.

Stellen Sie sich bitte vor, dass Sie während Ihres Trainings oder an Ihrem Arbeitsplatz ununterbrochen mit positiven Suggestionen konfrontiert werden, z.B. visuell oder auditiv. Sie sehen und hören immer und immer wieder Dinge wie:

- Du machst das klasse.
- Du bist voller Energie.
- Du fühlst Dich von Tag zu Tag immer besser.
- Du triffst gute Entscheidungen.
- Du bist ein Erfolgsmagnet.
- Heute ist ein toller und erfolgreicher Tag.
- Der Geist Gottes führt und leitet Dich.
- Alles ist gut.
- Erfolg, Glück und Wohlstand.
- Du erreichst Deine Ziele.
- Du hast ein grenzenloses Potenzial.
- Du schaffst alles, was Du willst.
- Du ziehst Glück, Erfolg, Reichtum und Liebe magisch an.
- Die ziehst alles Positive in Dein Leben.
- Das Leben meint es gut mit Dir.
- Da, wo Du bist, ist Erfolg.

Ist es für Sie vorstellbar, dass solche und viele andere Suggestionen dazu führen können, dass man sich häufiger mit diesen positiven Themen beschäftigt und in der Folge immer mehr an sich selbst glaubt?

Jetzt kann der Einwand kommen, dass man gegen solche Suggestionen irgendwann abgestumpft sein könnte und man sich womöglich bewusst dagegen wehrt? Was ist aber, wenn Sie diese Suggestionen gar nicht bewusst wahrnehmen, sondern die Vorgehensweise subliminal ist, also unterhalb der bewussten Wahrnehmungsgrenze stattfindet?

Ich möchte nicht auf alle Hilfsmittel eingehen, dies bleibt einem persönlichen Gespräch vorbehalten. Ich werde aber selbst während eines persönlichen Treffens oder bei einem Vortrag nur oberflächlich anreißen, welche Techniken und Werkzeuge zur Anwendung kommen. Und dies aus einem ganz einfachen Grund ...

Sobald man weiß, welche Techniken zum Einsatz kommen (können), wird das Bewusstsein automatisch darauf achten, Skepsis und Bedenken verstärken und "Barrieren aufbauen". Die einzelnen Schritte und Hilfsmittel müssen unter der Wahrnehmungsgrenze (subliminal) ohne Wissen und der Möglichkeit eines Erkennens und Durchschauens der Beteiligten umgesetzt werden. Hätte Jürgen Klopp anfänglich erklärt, dass er vorhat, seine Spieler "positiv zu beeinflussen" (um nicht zu sagen zu manipulieren) und die einzelnen Bausteine seiner Vorgehensweise verraten, wäre das Ergebnis längst nicht so erfolgreich gewesen.

Was ich aber in Aussicht stellen möchte, ist, dass es sehr zielführend sein kann, sich wesentlich mehr mit dem Unterbewussten (bzw. wie die meisten sagen: dem Unterbewusstsein) zu beschäftigen, als Sie dies womöglich bisher getan oder für notwendig oder hilfreich erachtet haben.

34. Geheimhaltung

Im Falle einer Zusammenarbeit ist eine Verschwiegenheitsvereinbarung grundsätzlich eine Voraussetzung. Es soll niemals jemand erfahren, wer, warum, wann, wie und wo gecoacht wurde oder wird oder in welcher Weise ich als "Der Counselor" in Form eines Personal Coachings, eines Trainings oder in Form einer Mediation tätig war.

Auf der Webseite Der-Counselor.de können Sie ein Muster einer Verschwiegenheitsvereinbarung downloaden. Dieses Muster kann angepasst werden. Grundsätzlich ist es in Ausnahmefällen möglich, auf eine Verschwiegenheitsvereinbarung zu verzichten. Dies kann in den Erstgesprächen abgestimmt werden. Auch im Nachhinein ist der nachträgliche Verzicht auf eine Verschwiegenheit noch möglich.

Allerdings halte ich es aus mehreren Gründen für sehr wichtig, eine solche Vereinbarung zur Grundlage eines Miteinander zu machen:

✓ Im Normalfall kenne ich weder die Entscheidungsträger, noch die Protagonisten, wenn ich zu einem Gespräch eingeladen werde, d.h. es kann noch keine Vertrauensbasis vorhanden sein. Vertrauen ist jedoch eine zielführende Voraussetzung für einen gemeinsamen Erfolg. Ein erster Schritt ist ganz sicher ein persönliches Gespräch. Ein damit verbundener zweiter Punkt kann eine solche Verschwiegenheitsvereinbarung sein.

✓ Es gibt viele Menschen, die gerne in der Öffentlichkeit stehen, ins Fernsehen drängen, als Werbe-Youtuber (Influencer) aktiv sind oder in irgendeiner anderen Form Aufmerksamkeit erregen wollen. Genutzt werden hierfür z.B. Social Media Plattformen wie Facebook, Twitter oder Instagram. Dies erscheint mir jedoch bei weitem nicht immer (um nicht eine noch deutlichere Einschätzung zu äußern) hilfreich zu sein, um zu sich selbst zu finden und um sich auf sich selbst konzentrieren zu können. Ein hoher Medienkonsum und eine kontinuierliche Rückkopplung mit der Öffentlichkeit sind nach meiner Erfahrung und Überzeugung absolut contraproduktiv für das Fokussieren auf das, was man wirklich-wirklich-wirklich will.

✓ Ein weiterer Punkt ist, dass es von Dritten ggfs. als Schwäche ausgelegt werden kann, wenn man auf die

Unterstützung eines externen Coaches oder Trainers baut. Nichts kann weiter von der Realität entfernt sein, aber Besserwisser gibt es zu Hauf. Ich halte es deshalb für sinnvoll, gemeinsam "unter dem Radar" zu arbeiten.

✓ Und zu guter Letzt halte ich viel von dem "großen Schweigen". Je weniger man nach außen verlauten lässt, wie und auf welchem Weg man sich selbst auf das eigene Ziel fokussiert, desto weniger können Skeptiker und Bedenkenträger Vorbehalte äußern und den Fokus vom gemeinsamen Ziel ablenken.

35. Epilog

Kennen Sie das? Manchmal sieht man den Wald vor lauter Bäumen nicht. Man kommt sich vor wie in einem Labyrinth. Man weiß zwar grundsätzlich, was man will, aber irgendwie scheint der Weg zum Ziel gepflastert mit Hindernissen und Problemen. Nichts scheint vernünftig zu funktionieren, immer wieder gibt es Rückschläge und Misserfolge.

Suchen Sie in solchen Situationen die Schuld im "Außen", also beim Staat, der wirtschaftlichen Lage, den Problemen im Umfeld, dem schlechten Trainer usw.? Dann fühlen Sie sich als Opfer und hadern mit Ihrem Schicksal? Gut, das kann man machen, aber es wird Sie nicht weiterbringen. Sie werden keine veränderten Ergebnisse erreichen, wenn Sie in diesem Gedankenkreislauf verharren.

Der erste und entscheidende Schritt in die "richtige" Richtung, nämlich die Richtung, die Sie tatsächlich nach vorne und Ihrem Ziel, z.B. sportlichen oder beruflichen Erfolg, näherbringt, ist, Ihre Verantwortung für Ihr Denken, Ihr Fühlen und Ihr Erleben zu übernehmen und etwas zielführend zu ändern.

Die Einführung in meine Tätigkeit als "Der Counselor" ist mit Absicht kurz gehalten. Viele Punkte, die meine Herangehensweise herleiten und erläutern, findet man auf meinen Webseiten Reframingcoaching.de, Omniatherapie.de, Siegersystem.de, Submediation.de und Seelencoaching.de, sowie in den dazu passend erschienenen Büchern. Die Zentralseite erreichen Sie über www.omnia.vision. Dies alles nochmals zu wiederholen, erscheint mir wenig sinnvoll.

Stattdessen lag mein Augenmerk darauf, deutlich zu machen, dass es egal ist, ob Sie ein Hausmeister, Lehrer, Handwerker, Spitzensportler oder Geschäftsmann/-frau sind, das Unterbewusste "steuert" uns alle. Um etwas zu erreichen, das Sie wollen, aber noch nicht erreicht haben, müssen Sie nach meiner Einschätzung das ändern, was dafür verantwortlich ist, dass Sie etwas noch nicht erreicht haben, nämlich Ihr Denken, Fühlen und Glauben.

Es gibt eine Reihe von Hilfsmitteln, die Sie hierfür unterstützend einsetzen können, wie u.a. auf meinen voran gegangenen Webseiten z.T. dargelegt. Wenn Sie der Auffassung sind, dass eine externe Einflussnahme und Anleitung hilfreich und zielführend sein kann, dann freue ich mich auf Ihre Kontaktaufnahme.

In Band II von "Der Counselor" finden Sie Interviews mit Menschen, die nach meiner Überzeugung das Unterbewusste entweder bewusst programmieren und die Möglichkeiten zur Programmierung des Unterbewussten zielführend nutzen oder unbewusst automatisch das eigene Denken, Fühlen und Glauben erfolgversprechend ausrichten.

Ich wünsche Ihnen von Herzen, dass Sie an sich und Ihre Stärken und Möglichkeiten glauben, auf sich selbst und unseren Schöpfer vertrauen, Sie selbst sind und in der Folge das Beste und viel Erfolg auf Ihrem Weg zu Ihrem Lebensziel erreichen.

BElieve
in **YOU**rself

Herzlichst Ihr
Thomas A M. Windelschmidt

36. Zum Counselor

Thomas A. M. Windelschmidt, geboren in Berlin, aufgewachsen in Dortmund, studierte Physik und Wirtschaftswissenschaften. Bereits während seines Studiums gründete er seine ersten Unternehmen und agierte international als Unternehmer und Unternehmensberater.

Nach seinen ersten Studienzeiten wurde er u.a. zum Präsidenten des Bundesverbandes der Mehrwertdienste-, Post und Telekommunikationsnutzer e.V. (BMPT), zum Vorstand des Netzwerks Deutscher Mittelstand e.V. (DeuMit.net), sowie später zum Präsidenten des Bundesverbandes für Bildung, Wissenschaft und Forschung e.V. (BBWF) berufen.

Neben seinen unternehmerischen Tätigkeiten nutzte er Möglichkeiten für private Studien der Psychologie (inkl. positiver Psychologie), der Psychotherapie, der systemischen Familientherapie (inkl. Familienaufstellung), des NLP und der GNM, dazu absolvierte er eine Fortbildung zum Hypnosetherapeuten.

Ein Hauptaugenmerk legte er auf sein Wirken als Reframingcoach (reframingcoaching.de), Omniatherapeut (omniatherapie.de) und Siegersystem-Trainer (siegersystem.de) und konzentriert sich heute auf seine Unterstützung als Submediator (submediation.de) und als "Der Counselor" (der-counselor.de), sowie die Weiterentwicklung der holistischen Omniavision (omniavision.de).

Thomas A. M. Windelschmidt erstellte zwei Dissertationen und schrieb bisher 15 Bücher, die z.T. auch auf Englisch publiziert wurden.

Der Autor ist mit seiner Frau Claudia seit 1993 glücklich liiert und seit 1997 in erster Ehe verheiratet. Sie sind Eltern eines Sohnes (* 1998) und einer Tochter (* 2000).

37. Bilderverzeichnis

38. Index

Empfehlungen des Verlags

Thomas A. M. Windelschmidt

Das wichtigste Wort zum gesund & glücklich sein: Danke!

Mit Vorworten von Claudia Appel und Richard Neubersch

Das "Danke" ist nach Einschätzung des Autors das wichtigste Wort zum gesund und glücklich sein. Diese Aussage begründet der Autor nachvollziehbar im vorliegenden Buch.

Das Unterbewusste (Unterbewusstsein) steuert nicht nur das vegetative Nervensystem und fast alle Körperfunktionen, sondern es greift massiv in das Denken, Fühlen und Erleben des Menschen ein. Das Bewusstsein ist mit der Spitze eines Eisbergs vergleichbar, auch wenn man als Mensch „glaubt", alles mit dem Ego „im Griff zu haben". Wenn man weiß, wie man das Unterbewusste zielorientiert positiv beeinflussen kann, ist es möglich, das eigene Erleben, also sein Schicksal, unter einem neuen Blickwinkel zu sehen und das Leben als Geschenk anzunehmen. Warum hierfür das Wort „Danke" ein zentraler Baustein ist und wie man seinen eigenen Weg in eine positive Lebenseinstellung finden kann, erläutert der Autor in diesem MUTMACHBUCH.

Weitere Infos: seelencoaching.de und omniavision.de

ISBN Hardcover	978-3-96565-000-8	€ 24,99
ISBN Paperback	978-3-96565-001-5	€ 17,99
ISBN Epub	978-3-96565-002-2	€ 14,99
ISBN Mobi	978-3-96565-003-9	€ 14,99

Thomas A. M. Windelschmidt

Die Wahrheit über Ihre innere Macht: SUM ERGO CREO

Halten Sie es für möglich, dass man als Mensch schöpferisch tätig ist, egal ob man es weiß oder nicht? Oder ist für Sie der "Stand der Wissenschaft" in Stein gemeißelt und das heutige Wissen "unantastbar"? Man sollte sich in jedem Fall klarmachen, dass das, was die "offizielle" Wissenschaft sagt, bereits seit der Antike einem stetigen Wandel unterzogen war. Das, was zu Zeiten von Sokrates und Plato Stand der Wissenschaft war, galt nur eine bestimmte Zeit, genauso wie das "Wissen" der Physiker und Mediziner z.B. zu Beginn des 20. Jahrhunderts. Auch das, was heute zu Beginn des 21. Jahrhunderts als "Wissen" proklamiert wird, wird in weniger als 100 Jahren "neuem Wissen" gewichen sein. Und genau darum hält es der Autor mit Sokrates, der sagte: "Ich weiß, dass ich nicht weiß!"

Eventuell wird die Vorstellung des Autors "SUM ERGO CREO = Ich bin, also erschaffe ich" irgendwann überholt sein, aber Stand heute ist der Autor davon überzeugt, dass es sich für Sie lohnen kann, diese Idee auf den Prüfstand zu stellen.

Weitere Infos: sum-ergo-creo.de und omniavision.de

ISBN Hardcover	978-3-96565-004-6	€ 24,99
ISBN Paperback	978-3-96565-005-3	€ 17,99
ISBN Epub	978-3-96565-006-0	€ 14,99
ISBN Mobi	978-3-96565-007-7	€ 14,99

Thomas A. M. Windelschmidt
Claudia Appel

Reframingcoaching
Unterbewusstes bewusst auflösen

Mit einem Vorwort von
Andreas Winter

Leiden Sie unter Krankheiten, Erfolgsblockaden oder "falschen" Glaubenssätzen? Sind Sie auf der Suche nach sich selbst, Ihrer Persönlichkeit, Ihrer Berufung, Ihrem Lebenssinn? Erleben Sie immer die gleichen (meist als unangenehm empfundenen) Situationen? Machen Sie fortwährend ähnliche negative Erfahrungen in Ihrer Partnerschaft, im Beruf, im Freundeskreis, ohne zu wissen, warum Sie evtl. immer die gleichen Fehler machen und sich ungewollte Erfahrungen (z.B. Geldverlust, Geldmangel, falsche Freunde) wiederholen? Mit dem Reframingcoaching können Sie eine Herangehensweise kennenlernen, mit der es möglich ist, im Unterbewusstsein verankerte Strukturen, die zu Symptomen, Krankheiten und immer gleichen Erfahrungen führen können, zu erkennen und aufzulösen. Es darf Sie nicht überraschen, wenn sich Ihr Leben sehr stark ändert und Ihnen neue Türen offenstehen.

Weitere Infos: reframingcoaching.de und omniavision.de

ISBN Hardcover	978-3-96565-008-4	€ 29,99
ISBN Paperback	978-3-96565-009-1	€ 21,99
ISBN Epub	978-3-96565-010-7	€ 17,99
ISBN Mobi	978-3-96565-011-4	€ 17,99

Thomas A. M. Windelschmidt

Omniatherapie
Gesundheit & Glück durch
Verstehen & Versöhnung Bd. I

Mit einem Vorwort von
Vera Brandes und Dieter Broers

Das Reframingcoaching konnte vielen Menschen helfen, Dinge aufzulösen, die im Hier und Jetzt belastend waren und zu Konsequenzen (Symptomen) geführt haben. Im Laufe der Zeit haben komplexere „Herausforderungen" dazu geführt, dass eine Ergänzung des Konzepts zielführend war. Wenn z.B. eine Frau nicht schwanger wird, kann man überlegen, dass psychische Blockaden eine Rolle spielen. Und wenn z.B. ein Missbrauch in der Familie vorliegt, dann verlangt dies nach Erfahrung des Autors zu einer Analyse der Familienkonstellation und einer liebevollen Auflösung der belastenden Energien.

Band I: Medizinische Historie, physische und psychische Heilansätze, physikalische und biologische Hintergründe, Betrachtung von Gesundheit, Krankheit und Symptomen, die Trinität von Körper, Geist und Seele, die Psyche, Bewusstsein und Unterbewusstes, sowie Traumata.

Weitere Infos: omniatherapie.de und omniavision.de

ISBN Hardcover	978-3-96565-012-1	€ 24,99
ISBN Paperback	978-3-96565-013-8	€ 17,99
ISBN Epub	978-3-96565-014-5	€ 14,99
ISBN Mobi	978-3-96565-015-2	€ 14,99

Thomas A. M. Windelschmidt

Omniatherapie
Gesundheit & Glück durch
Verstehen & Versöhnung Bd. II

In drei Bänden finden Sie eine Herleitung des Konzepts der Omniatherapie. Dem Autor ist es wichtig, dass er die Herangehensweise und die Entwicklung seiner Vorgehensweise dezidiert herleitet und erläutert, damit die Omniatherapie für Sie „greifbar" wird.

Band II: Was sind Denken, Fühlen, Glauben und Vertrauen, Angst und das Gegenteil von Angst, Schuld und Verantwortung, Trauer und die große Traurigkeit, Glaubenssätze und das Gesetz der Resonanz, Wünsche, Zufriedenheit und Glück, Liebe, Vertrauen und Vergebung, sowie Schlaf und Träume.

Weitere Infos: www.omniatherapie.de und omniavision.de

ISBN Hardcover	978-3-96565-016-9	€ 24,99
ISBN Paperback	978-3-96565-017-6	€ 17,99
ISBN Epub	978-3-96565-018-3	€ 14,99
ISBN Mobi	978-3-96565-019-0	€ 14,99

Thomas A. M. Windelschmidt

Omniatherapie
Gesundheit & Glück durch
Verstehen & Versöhnung Bd. III

In drei Bänden finden Sie eine Herleitung des Konzepts der Omniatherapie. Dem Autor ist es wichtig, dass er die Herangehensweise und die Entwicklung seiner Vorgehensweise dezidiert herleitet und erläutert, damit die Omniatherapie für Sie „greifbar" wird.

Band III: Religion, Glaube und Vertrauen, Leben und Tod, Karma, Beten, systemische Hintergründe, Affirmationen und Suggestionen, Hypnose und Trance, Reframing in der Omniatherapie, Voraussetzungen, die 30 Stufen der Omniatherapie, technische Hilfsmittel und Anwendungsgebiete

Weitere Infos: omniatherapie.de und omniavision.de

ISBN Hardcover	978-3-99072-020-2	€ 24,99
ISBN Paperback	978-3-96565-021-3	€ 17,99
ISBN Epub	978-3-99072-022-6	€ 14,99
ISBN Mobi	978-3-99072-023-3	€ 14,99

Thomas A. M. Windelschmidt

Siegersystem
Gewinnen ist Bauchsache
Bd I: Theoretische Hintergründe

Mit Vorworten von Andreas Lorenz und Thorsten Schulte

Können Sie sich vorstellen, dass Sie – wie man es so oft hört – Ihres Glückes Schmied sind und zu 100% verantwortlich für alles, was in Ihrem Leben passiert?

Der Nachteil dieser „Erkenntnis" ist, dass Sie sich nie wieder als Opfer darstellen „dürfen/können", z.B. um Mitgefühl oder sogar Mitleid zu „erhaschen". Der große Vorteil dieses „Wissens" ist allerdings, dass Sie sich der „Herrschaft über Ihr Leben" bewusst sind, alles zielgerichtet beeinflussen können und die Freiheit haben, Ihre Vorstellungen zu manifestieren. Das Siegersystem-Konzept ist eine Lebenseinstellung. Im Fokus steht, sich selbst als Gewinner zu sehen und zu fühlen, das eigene Leben als Gewinn anzusehen und als Geschenk anzunehmen, indem man die positiven und schönen Aspekte in den Mittelpunkt des eigenen Denkens und Fühlens rückt. Und zwar immer, ganz unabhängig von bisher als negativ angesehenen Begleiterscheinungen.

Weitere Infos: siegersystem.de und omniavision.de

ISBN Hardcover	978-3-96565-024-4	€ 24,99
ISBN Paperback	978-3-96565-025-1	€ 17,99
ISBN Epub	978-3-96565-026-8	€ 14,99
ISBN Mobi	978-3-96565-027-5	€ 14,99

Thomas A. M. Windelschmidt

Siegersystem
Gewinnen ist Bauchsache
Bd II: Anwendung & Umsetzung

Während in Band I zum Siegersystem einige theoretische Hintergründe erläutert wurden, erfährt der Leser in Band II, wie die 66 Schritte des Siegersystems aussehen und welche technischen Hilfsmittel eingesetzt werden können, um den "eigenen" Weg zu finden und zu gehen. Konkrete Tipps und Empfehlungen helfen dem Leser, nicht nur den ersten Schritt zu unternehmen, sondern sich sukzessive seiner "eigenen Meisterschaft" anzunähern.

Denn denken Sie immer daran: Sie sind Ihres Glückes Schmied, Sie sind "Chef" Ihres Lebens, Sie ganz allein können für sich entscheiden, zu den "Gewinnern" zu gehören und Ihr Leben als Geschenk zu erkennen und anzunehmen. Jetzt in diesem Moment, in welchem Sie diese Zeilen lesen, haben Sie die Chance, Ihre Lebenskarten neu zu mischen und ab sofort das Leben zu führen, das Sie schon immer führen wollten. Sie ganz allein sind verantwortlich für Ihr Leben.

Weitere Infos: siegersystem.de und omniavision.de

ISBN Hardcover	978-3-96565-028-2	€ 24,99
ISBN Paperback	978-3-96565-029-9	€ 17,99
ISBN Epub	978-3-96565-030-5	€ 14,99
ISBN Mobi	978-3-96565-031-2	€ 14,99

Thomas A. M. Windelschmidt

"Der Counselor"
Programmierung des Unterbewussten zur positiven Zielorientierung Bd. I

Mit Vorworten von Martin Limbeck und Markus Euler

Ihr wirkliches Ziel mit Ihnen zu erreichen, ist die "Der Counselor"-Aufgabe! Mit der Klärung von drei Anfangsfragen ist es leichter, den richtigen Weg zu Ihrem Ziel, z.B. zum gewünschten Erfolg, zu finden und zu gehen.

- Was ist Ihre Motivation? Was ist Ihr Warum?
- Was wollen Sie wirklich-wirklich-wirklich?
- Was ist Ihre Bestimmung bzw. Ihre Lebensaufgabe?

"Der Counselor" versteht sich als Ihr Werkzeug, um unterbewusste Blockaden aufzulösen und „falsche" Glaubenssätze, die oftmals in der Kindheit „angelegt" wurden, auszuräumen und mit zielführenden Glaubenssätzen zu substituieren. Das Ziel ist es, Ihre unbewusste (intrinsische) Motivation herauszufinden und Ihr maximales Leistungsvermögen, egal ob im Sport oder im Beruf, hervorzurufen und Ihren Weg zu Ihrem persönlichen Erfolg zu beschleunigen und zu optimieren.

Weitere Infos: der-counselor.de und omniavision.de

ISBN Hardcover	978-3-96565-032-9	€ 24,99
ISBN Paperback	978-3-96565-033-6	€ 17,99
ISBN Epub	978-3-96565-034-3	€ 14,99
ISBN Mobi	978-3-96565-035-0	€ 14,99

Thomas A. M. Windelschmidt

"Der Counselor"
Programmierung des Unterbewussten zur positiven Zielorientierung Bd. II

In Band I zu "Programmierung des Unterbewussten zur positiven Zielorientierung" wurde folgende Kernaussage hergeleitet und erläutert:

- "Du bist, was Du denkst, also denke doch, was Du willst!"

In Band II kommen Menschen zu Wort, die in ihrem Bereich besonders erfolgreich waren oder sind. Die Gesprächspartner haben z.T. sehr unterschiedliche Historien und waren oder sind in verschiedenen Bereichen erfolgreich, z.T. im Sport, z.T. Im Geschäftsleben, aber auch in den Bereichen Wissenschaft, Kunst oder Kultur.

Diese Menschen, die im vorliegenden Buch zu Wort kommen, kennenzulernen und ihr "Warum?" und ihre intrinsische Motivation kennenlernen, war eine große Freude.

Weitere Infos: der-counselor.de und omniavision.de

ISBN Hardcover	978-3-96565-036-7	€ 24,99
ISBN Paperback	978-3-96565-037-4	€ 17,99
ISBN Epub	978-3-96565-038-1	€ 14,99
ISBN Mobi	978-3-96565-039-8	€ 14,99

Thomas A. M. Windelschmidt

Wörterbuch 1: A-J

Dieses Wörterbuch enthält Inhalte aus Fachbüchern und dem Internet zur Erläuterung von Begriffen aus den Bereichen Medizin, Psychologie, Physik, Medizin und Biologie u.a. in folgenden Büchern

- ✓ Das wichtigste Wort zum gesund & glücklich sein: Danke!
- ✓ Die Wahrheit über Ihre innere Macht: SUM ERGO CREO
- ✓ Reframingcoaching: Unterbewusstes bewusst auflösen
- ✓ Omniatherapie: Gesundheit & Glück durch Verstehen & Versöhnung
- ✓ Siegersystem: Gewinnen ist Bauchsache
- ✓ "Der Counselor": Programmierung des Unterbewussten zur positiven Zielorientierung
- ✓ Submediation: Konflikte „über" das Unterbewusste lösen

Das Buch wird vom Autor subventioniert und als pdf-Download sogar kostenlos angeboten., siehe omniatherapie.de und omniavision.de.

Weitere Infos::omniatherapie.de und omniavision.de

ISBN Hardcover	978-3-96565-044-2	€ 15,99
ISBN Paperback	978-3-96565-045-9	€ 9,99
ISBN Epub	978-3-96565-046-6	€ 4,99
ISBN Mobi	978-3-96565-047-3	€ 4,99

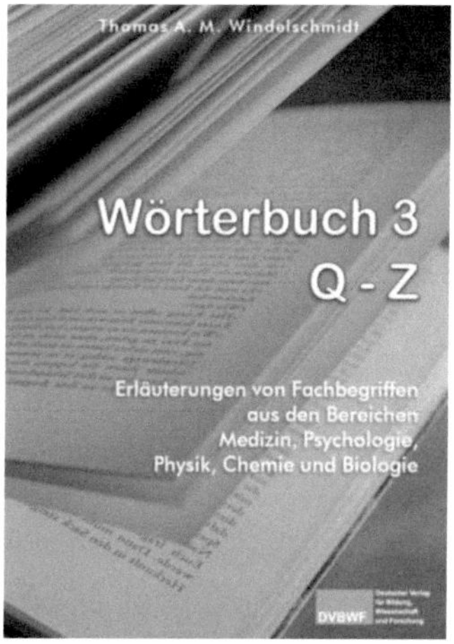

Thomas A. M. Windelschmidt

Wörterbuch 3: Q-Z

Dieses Wörterbuch enthält Inhalte aus Fachbüchern und dem Internet zur Erläuterung von Begriffen aus den Bereichen Medizin, Psychologie, Physik, Medizin und Biologie u.a. in folgenden Büchern

- ✓ Reframingcoaching: Unterbewusstes bewusst auflösen
- ✓ Omniatherapie: Gesundheit & Glück durch Verstehen & Versöhnung
- ✓ Siegersystem: Gewinnen ist Bauchsache
- ✓ Programmierung des Unterbewussten zur positiven Zielorientierung
- ✓ Das wichtigste Wort zum gesund & glücklich sein: Danke!
- ✓ Submediation: Konflikte „über" das Unterbewusste lösen
- ✓ Die Wahrheit über Ihre innere Macht: SUM ERGO CREO

Das Buch wird vom Autor subventioniert und als pdf-Download sogar kostenlos angeboten., siehe omniatherapie.de und omniavision.de.

Weitere Infos::omniatherapie.de und omniavision.de

ISBN Hardcover	978-3-96565-052-7	€ 15,99
ISBN Paperback	978-3-96565-053-4	€ 9,99
ISBN Epub	978-3-96565-054-1	€ 4,99
ISBN Mobi	978-3-96565-055-8	€ 4,99

Thomas A. M. Windelschmidt

GELD: Historie, Probleme im Status quo und Lösungsansätze

Mit Vorworten von
Andreas Popp, Helmut Creutz
und Prof. Dr. Hans J. Bocker

Jeder denkt zu wissen, was „Geld" ist. Fast jeder meint, eine Ahnung zu haben, wie das Geldsystem funktioniert. Und einige sind sich sicher, zu wissen, wie das Finanz- und Wirtschaftssystem aufgebaut ist, wer es steuert und wie es beeinflusst werden kann. Aber stimmt das?

Warum gibt es dann Wirtschaftskrisen? Warum geht die Schere zwischen arm und reich auseinander? Warum gibt es wenige Familien, die 80% des weltweit verfügbaren Kapitals beherrschen, und viele Menschen, die an der Armutsgrenze leben? Warum muss immer mehr produziert werden, nur um bestehende Schulden abzutragen? Wie ist es erklärbar, dass sich ein Staat in seiner eigenen Währung verschulden kann/muss?

Dem Autor gelingt es mit diesem Buch, etwas Licht ins Dunkel zu bringen und komplizierte Sachverhalte in einfachen Worten nachvollziehbar darzustellen, warum "Geld", so wie es konzipiert ist, auf Dauer gar nicht funktionieren „kann".

ISBN Hardcover	978-3-96565-056-5	€ 29,99
ISBN Paperback	978-3-96565-057-2	€ 21,99
ISBN Epub	978-3-96565-058-9	€ 17,99
ISBN Mobi	978-3-96565-059-6	€ 17,99

Thomas A. M. Windelschmidt

MONEY: History, Beliefs, Facts and Solutions

With forwords by
Andreas Popp, Helmut Creutz
and Prof. Dr. Hans J. Bocker

Everyone believes to know what "this" is. Almost everyone thinks they know how the money system works. And some are even sure they know how the financial and economic system is structured, who controls it and how is value can be influenced. But is it really so?

Why are there so many economic crises? Why is the gap between rich and poor widening? Why are there a few families that control 80% of the world's available capital and so many people living on or below the poverty line? And why must more and more be produced just to pay off past debts? What explains why countries established their own currency?

With this book, the author sheds light on complicated facts and puts them into simple terms. With all the flaws in the current money system and the fundamental errors and mistakes that were made when it was construed, it is of essential importance to comprehend why it cannot be sustained in the current status quo.

ISBN Hardcover	978-3-96565-060-2	€ 29,99
ISBN Paperback	978-3-96565-061-9	€ 21,99
ISBN Epub	978-3-96565-062-6	€ 17,99
ISBN Mobi	978-3-96565-063-3	€ 17,99

Thomas A. M. Windelschmidt

Innovative ways forward on the German financial market

Financial markets are in a state of upheaval. The "old school" mechanisms which have worked in the past decades, have become obsolete in today's economic reality. The past strategies have to be reconsidered and replaced by new concepts and understandings. The conditions of life on earth have changed dramatically, the political and economic arenas are not the same any longer the enormously technical developments have contributed to this development. The globalization of communication triggered by Internet and smartphone technologies, social networks and artificial intelligence require a rethink. Market transparency is no longer fiction - portals like check24 are enabling consumers to become professional buying experts furthering developments of new fee-based advice services. Shedding a bright light onto the problems of the existing monetary and financial system, the author presents a layout for alternative solutions. A precious read for the times ahead.

Thomas A. M. Windelschmidt

Space Commercialization

Since Jules Verne published his novel "De la Terre à la Lune" in 1965, people are dreaming of entering space. Yuri Alexeyevich Gagarin was the first man in orbit on 12 April 1961 - according to official statements - and Neil Alden Armstrong is said to have been the first person to set foot on the moon on July 21, 1969. Since then, technical development has brought rapid progress. Rumors are spreading about secret technologies enabling man to even visit Mars. Space travelling fueled the genre of science fiction films and has since been the dream of many. Plans exist to make them come true and to enable earthlings to morph into real world space explorers. The commercialization of space is no longer a future vision, but an up and coming industry with non-fictious potentials. In addition to the US American NASA and the European ESA, other countries and private companies are pursuing ambitious goals. Creating a legal base for these adventurous endeavours was a mandatory step, resulting into agreements like the Moon Treaty. In this book, the author presents the historicalprocess, delivers explanations in regards to the status quo and dares to look into the future. Let yourself be carried away into a time that can offer a lot of excitement and let your imagination run wild. The future is just around the corner.